Q&A
市民のための
消費者契約法

弁護士
村 千鶴子 著

中央経済社

はしがき

　現代社会では，消費者は，生活に必要なありとあらゆる商品やサービスを購入して生活しています。しかも，商品やサービスの種類や内容，取引方法などが技術革新やグローバル化，ライフスタイルの変化などに伴い複雑多様化の一途をたどっています。

　もともと，消費者と事業者との間には，事業者が提供する商品やサービスについての知識や情報についての格差及び契約条件を決めたり契約の締結を選択する上での交渉力などに格差があることから，様々な消費者被害が起こりがちであることが指摘されていましたが，近年では，これらの格差は広がる一方で，消費者被害も複雑多様化する傾向がますます促進されています。

　契約に関する基本的な法律規範としては，民法がありますが，民法は契約当事者双方が完全に対等であり，経済的に合理的な選択をすることが前提であるとして，契約当事者双方にとって合理的であるように定められています。そのため，契約当事者が対等ではなく，消費者が経済的合理性だけで行動するわけではない現実からすると，民法での考え方は必ずしも合理的とはいえず，弱者である消費者に過酷な結果となります。また，格差の是正を図り消費者が適切で自主的な選択ができる公正な取引市場を確保することは，事業者間の公正競争市場を確保する上でも必要不可欠です。

　以上のことから，2000年に民法の特別法として，そして消費者契約の一般法として，消費者契約法が制定され，2001年から施行されました。同法は，2006年改正により適格消費者団体による差止訴訟制度が導入され，取消制度と不当条項制度について2016年と2018年の二度にわたり改正されました。2018年改正法は2019年6月15日から施行されます。

　消費者契約法は，消費者のための法律であるとともに，事業者が守るべき法

律でもあります。消費者契約法が実効性を持つためには，広く消費者と事業者に知ってもらい活用してもらう必要があります。そこで，本書は，法律を専門に学んだことのない人にも，これからはじめて学ぼうとする人にも，わかりやすく基本的な制度の仕組みや考え方，具体的にどんな場合に当てはまるのか，などを理解していただけるようにとの配慮をしています。

　なお，本書は，平成13年2月に初版を発行し，以後，法律の改正などに伴って改訂を繰り返し2016年に第5版を出版しましたが，このたび，改題新版として出版するものです。

　いままでどおり，広くご活用いただき，消費者取引の適正化と公正競争市場発展の一助となれば幸いです。

　　2019年1月

　　　　　　　　　　　　　　　　　　　　　　　　　　村　千鶴子

目　次

はしがき

第1章　消費者契約法の制定された事情 ── 1

1　消費者契約法の制定・改正 …………………… 2
　　［用語解説］　民事ルール・3
2　消費者契約法はなぜ制定されたのか ……………… 4
　　［用語解説］　国民生活センター・5
3　消費者契約被害が多発している理由 ……………… 6
　　［用語解説］　消費生活センター・9
4　契約についての一般ルール …………………………10
5　規制緩和と消費者契約法の関係 ……………………14
6　特定商取引法などでは不十分なのか ………………16
7　2018年改正のポイント ………………………………21
8　困惑類型として取消事由に追加された項目 ………23

第2章　消費者契約法の目的と事業者への義務付け ── 25

1　法律の目的……………………………………………26
2　事業者の義務…………………………………………28

3　消費者の努力 …………………………………30
　　　4　消費者被害救済のルール …………………………31

第3章　消費者契約法の適用対象 ── 35

　　　1　消費者契約法の適用範囲 …………………………36
　　　2　消費者とは……………………………………………38
　　　3　事業者とは……………………………………………40
　　　4　適用除外 ── 労働契約 ……………………………42
　　　5　個人の賃貸人（大家さん）との賃貸マンション契約…44
　　　6　個人自営業者のパソコンの購入 …………………47
　　　7　脱サラのフランチャイズ契約 ……………………49
　　　8　マルチ商法・内職商法 ……………………………51

第4章　重要事項の不実告知による取消制度 ── 53

　　　1　不実告知を理由に取消しできる場合 ……………54
　　　2　不実告知の対象となる重要事項 …………………57
　　　3　健康食品の効能効果の不実告知 …………………59
　　　4　商品の性能の不実告知とセールスマンの勘違い ……60
　　　5　中古車の走行距離についての不実告知　勧誘とは……………………………………………………62
　　　6　契約の必要性についての不実告知 ………………64
　　　7　ニセブランド商品の通信販売 ……………………66

第5章 断定的判断の提供による取消し ―― 69

- *1* 「断定的判断の提供」とは……………………………………70
- *2* 値上がり確実と勧められた不動産売買………………………72
- *3* 利益が確実と勧誘された商品先物取引………………………73
- *4* パチンコ必勝法で勝てなかったとき…………………………74

第6章 不利益事実の不告知による取消し ―― 77

- *1* 不利益事実の不告知により取消しできる場合 ………78
- *2* マンション購入にあたり前の空き地にビル建設予定があることを説明されなかった場合……………81
- *3* 俳優養成講座で受講料増額の説明がなかったとき …83
- *4* 不利益事実の説明を必要ないと言った場合 …………84

第7章 困惑による取消し ―― 87

- *1* 困惑を理由に取消しできる場合 ……………………………88
- *2* 強引な自宅訪問販売 ―― 不退去 ……………………………91
- *3* アポイントメントセールス ―― 退去妨害 …………………93
- *4* しつこい電話勧誘 ―― 困惑に該当しない …………………95
- *5* 社会的経験不足に付け込む願望実現型取消事由とは……………………………………………………………97
- *6* いわゆるデート商法とは ……………………………………99

- 7 高齢者などの判断力の低下による不安に付け込むタイプ ……………………………………………………102
- 8 いわゆる霊感商法 ………………………………………104
- 9 契約締結前に債務の履行をして勧誘するタイプ ……106
- 10 契約締結前の行為につき対価を求め契約を迫るタイプ ……………………………………………………108

第8章 過量販売の取消し ……111

- 1 導入された趣旨 …………………………………………112
- 2 過量販売とは ……………………………………………114
- 3 特定商取引法との違い …………………………………116
- 4 過量販売の具体例 ………………………………………119
- 5 テレビショッピングのケース …………………………121

第9章 契約相手とは別の事業者の問題勧誘 ……123

- 1 媒介業者の違法勧誘と取消し …………………………124
- 2 リース契約の勧誘に問題があるとき …………………127
- 3 個別クレジット契約の勧誘に問題があるとき ………128
- 4 不動産取引の勧誘に問題があるとき …………………129

第10章 取消制度の意味 ——131

- *1* クーリング・オフ制度との違い …………132
- *2* 取消しの意味 …………135
- *3* 消費者契約法による取消方法 …………136
- *4* 取消事由についての証明は誰がするか …………138
- *5* 取消しできる期間 …………140
- *6* 取消期間の起算日 …………142
- *7* 取消事由に気がつかないとき …………145
- *8* 取消しできなくなるとき —— 追認 …………147
- *9* 取り消した場合の清算方法 …………149
- *10* 取消しの効果が争われた場合 …………152
- *11* 取消しと無効の違い …………154

第11章 不当条項を無効とする制度 ——157

- *1* 不当条項制度の必要性 …………158
- *2* 不当条項に当たる場合 …………161
- *3* 不当条項に関する2018年改正のポイント …………165
- *4* 免責条項① —— スポーツクラブでの事故 …………167
- *5* 免責条項② —— 介護施設での事故 …………169
- *6* 免責条項③ —— ペットの売買 …………171
- *7* 免責条項④ —— 家電製品とメーカーの補修責任 …174

8	遅延損害金① ── 駐車場の賃料 …………………176
9	遅延損害金② ── 出会い系サイトの延滞金 ………178
10	遅延損害金③ ── 消費者金融からの借金 …………180
11	遅延損害金④ ── 貸金業者との和解………………182
12	遅延損害金⑤ ── クレジット……………………184
13	損害賠償の予約① ── 私立大学の学納金 …………186
14	損害賠償の予約② ── 冠婚葬祭互助会の解約料 …191
15	損害賠償の予約③ ──「逸失利益」をめぐって……193
16	損害賠償の予約④ ── 英会話スクール ……………196
17	消費者の解除権を放棄させる条項 …………………198
18	後見開始の審判等を解除条件とする条項 …………200
19	一般条項① ……………………………………………202
20	一般条項② ── 消費者の不作為の扱い …………204
21	一般条項③ ── 敷金が戻らない……………………207
22	一般条項④ ── 賃貸住宅の更新料…………………211

第12章　消費者団体訴訟制度 ──215

1	消費者団体訴訟制度とは ……………………………216
2	消費者団体訴訟制度はなぜ必要か …………………217
3	消費者団体訴訟を担う団体とは ……………………219
4	適格消費者団体ができること …………………………221
5	消費者団体訴訟の情報はどこでわかるか …………223

第13章 消費者契約法を活用するために ─── 225

- *1* 消費者契約法と自己責任 ……………………226
- *2* 消費生活センターの役割 ……………………228
- *3* 消費生活相談と消費者契約法 ………………230
- *4* 消費者のこころがけ …………………………232
- *5* 事業者はどのように対処すべきか …………234
- *6* 消費者が相談できるところ …………………235

資　料

消費者契約法条文 新旧対照表 ─── 239

消費者契約法の制定された事情

2000年に消費者契約法が制定されました。
どういう事情で制定されたのでしょうか。
この章では，法律が制定された経過や意味など
について取り上げます。

1 消費者契約法の制定・改正

Q 消費者契約法は、どのような理由で、いつ制定されましたか。改正経過も教えてください。

A

◆制定の経過

　消費者契約法は2000年5月に制定され、翌2001年4月1日から施行されました。

　1996年12月の第15次国民生活審議会の報告書で「すべての消費者契約を適正化するための民事ルールについて検討する必要がある」と指摘され、これを受けて翌年から第17次国民生活審議会で検討が開始されました。その審議の結果を取りまとめて2000年通常国会に法案を上程し成立するという経過をたどりました。審議等を所管したのは経済企画庁（当時）でしたが、同庁は法律成立後に内閣府に統合されました。同法は経済企画庁（当時）が立法化準備を行った最後の法案となりました。

◆消費者契約法が制定された理由

　民法では、契約当事者が完全に対等であることを前提に、契約についての責任分配ルールを定めています。基本的には「自分が契約したら、守る義務がある」という考え方（これを「契約自由の原則」という）に立ち、公平で公正な責任分配、社会全体が適正にうまく発展していくことを目的としています。ところが、「契約当事者は対等である」との前提が崩れると弱者に不利で過酷な結果となります。公平でも公正でもなく、経済の公正競争もそこなわれるという逆の結果となってしまいます。

　消費者と事業者は、情報の質と量において対等ではありません。交渉力も対等ではありません。その結果、様々な矛盾や消費者被害が発生していました。このような被害は、1960年代の高度経済成長の時代を迎えて日本だけではなく、

欧米の先進諸国で起こっていました。その後，1990年代に世界で規制緩和を進める動きが起こり，格差を是正する民事ルールの整備の必要性が指摘されるようになってきていたという時代背景がありました。

消費者契約法がなぜ必要なのか，1990年代に立法化がすすめられた事情についてはＱ2～5で詳しく取り上げています。

◆消費者契約法の改正

制定後，同法は次のように改正されてきました。

2006年　適格消費者団体による差止訴訟制度の導入。

2008年　特定商取引法と景品表示法にも差止訴訟制度を拡大。

2016年　2001年施行以降の状況を踏まえた見直しとしての改正。改正点は，取消事由の追加，不当条項の追加など。

2018年　2016年の改正で盛り込めなかった点などを改正。改正ポイントはＱ7を参照。

> 用語解説

民事ルール

民事ルールとは，契約の場合には，契約を締結する当事者間のルールを意味します。民事ルールは，当事者同士が守らなければなりません。相手がルールに反した場合には，当事者が相手に対して責任を追及することができる仕組みをとっています。

私法ルールとか，当事者間ルールという場合もあります。

2　消費者契約法はなぜ制定されたのか

Q　消費者契約法は、どのような理由で制定されたのですか。また、消費者契約法とはどういう意味を持つ法律なのでしょうか。

A

　消費者契約法は、事業者と消費者との間の民事ルールを定めたものです。2000年に入ってから、なぜ、それまでは制定されていなかった事業者と消費者との間の民事ルールが制定されることとなったのでしょうか。

◆契約被害の急増

　第1の理由としては、消費者契約に関する被害の急増があげられます。国民生活センターのデータによれば、次のように消費者被害は増加を続けてきました。国民生活センターでは、全国の都道府県と市町村の消費生活センターに寄せられた相談について、PIO-NETというコンピュータシステムによる情報収集をしています。

　このデータの分析によれば、1989年度には、消費者苦情・相談の全件数は約16万件で、その64％程度が消費者取引関係でした。が、1997年度には、消費者相談・苦情の件数は、40万件を超え、そのうちの消費者取引関係のものの占める割合は、80％を突破しました。2000年度には、消費者相談・苦情の件数はさらに増加して約54万件を突破し、消費者取引の占める割合も増加傾向を辿っており81％を超えました（2017年度には約94万件、うち約9割が取引関係被害となっています）。

　しかも、消費者被害を受けた消費者のうちで、消費生活センターなどの相談窓口に相談に行く人の割合は大変少なく、わずか2％～3％程度にしかすぎませんでした。相談件数の背後には10倍から数十倍の被害が内在しているわけです。

　このように、消費者取引に関する被害が多発している状況は、大変問題です。
　そこで、なぜ、このように消費者取引被害が多発し、急増を続けているのか

が問題とされました。問題点を明らかにして，公正な競争と消費者の生活上の利益を守る必要が指摘されてきたというわけです。

◆規制緩和の流れ

第2の理由は，国際的な規制緩和の流れです。

規制緩和とは，国による民間に対する規制の中で，過剰な事前規制は緩和をして自由競争をうながす，という意味です。この典型的なものが，いわゆる「金融の自由化」，金融ビッグバンといわれるものです。

日本では，これまで事業者が適正な営業活動をする際のルールを，行政機関である監督官庁による行政規制として定めていました。つまり，民間事業者は，監督官庁に規制権限を与えている行政法である業法によるルールを守らなければならないというふうに規制されていたわけです。事業者は，この行政規制に違反すれば，行政指導や行政処分などを受けました。しかし，行政規制を守っていれば，消費者からのクレームに対して，「行政規制を守っているのだから，問題はない」と主張するなどの行政依存の弊害も出ていました。

行政規制による業界の擁護育成は自由な発展を阻害するものとして批判されました。そこで，基本的に必要不可欠な最少限の事前規制以外は廃止して，事業者の自由競争にゆだねる方向へ転換されました。

しかし，事前規制を緩和して自由競争を促進するというのは，どんなあこぎな競争でも許されるというものではありません。フェアな競争，つまり公正な取引を確保するために新たなルールが必要とされます。そこで，必要とされたのが，当事者間の民事ルールとしての消費者契約法だったわけです。

用語解説

国民生活センター

消費者庁所管の独立行政法人。旧・国民生活センター法により1968年に設置された（現在は，"独立行政法人国民生活センター法"）。国民生活に関する情報収集や情報提供，地方自治体の行う消費生活相談への支援などを主な役割としている。2009年4月からはADR事業をはじめた。

3　消費者契約被害が多発している理由

Q　消費者契約に関する被害が多発し，増加しているということですが，増加の状況や被害が多発する理由は，なぜなのでしょうか。

A

　消費生活センターに寄せられる消費者取引（消費者と事業者との間の取引）に関する被害が増加しつづけていること，現在でも，消費者被害の約90％を占める状況となっていることは，Q2で述べたとおりです。

◆消費者苦情のパターン

　では，消費者取引では，どのような消費者被害が多発しているのでしょうか。また，なぜ，被害が多発するのでしょうか。

　消費生活センターなどに寄せられる消費者取引の相談の内容は，大きく分けると「契約してみたけど，こんなはずではなかったのでやめたい」というものと，「はじめから契約したくなかったので，やめたい」という趣旨の，「契約をやめたい」というものが圧倒的に多い実状にあります。

◆セールストークの問題

　「契約してみたけど，こんなはずではなかったのでやめたい」というのは，多くの場合「事業者にすすめられて，いいもののように思ったので契約することにした。ところが，契約してから，だんだんその内容がわかってくると，最初の説明で信用したものとは違っているので，これでは契約しても意味がないので，やめたい」「こういうものであることが最初からわかっていれば，契約しなかったのに」などというものです。

　セールスマンの説明などに事実とは違う内容のものがあったという場合もあります。たとえば，「この磁気マットレスには，腰痛を治す効果がある」と説明されて，腰痛に長年苦しんできたので治療のために購入したのに，その効果がなかったという場合などはこれにあたるでしょう。あるいは，「いつでも自分の

好きなときに，自由に予約がとれて利用できます」とすすめられて契約した英会話スクールが，実は会員が多すぎて予約が集中し，なかなか予約がとれないという場合も，説明と事実が違っていたために不満を感ずるタイプのものといえます。このようなタイプのものは，セールスマンなどが，事実どおりの説明をしていれば，消費者は，最初から事実を知って契約を選択することができます。ですから，「契約してみたら，説明とは違うじゃないか」という不満を持つことにはなりません。

また，契約の勧誘の段階で，契約の重要な内容などについて，説明をしていないというものもあります。たとえば，子供用の学習教材や自己啓発セミナー，資格取得講座の勧誘などでは，「うちと契約していただければ，絶対に効果が期待できますよ」「成績があがりますよ」「資格が取れるまで面倒をみますよ」などという説明はするものの，具体的な教材の内容や質については，ほとんど説明していないというものがあります。そのため，消費者は，どのような教材をどれくらいの分量購入することになるのかを知らないままに，契約させられてしまうわけです。

契約締結後に，事業者から宅配便などで商品が届けられるわけですが，大きなダンボールにつめられた大量の自習用教材を見てびっくりしてしまい，「こんなに大量な自習用教材では，とうていやる気が起こらない」とがっかりしてしまうことになります。あるいは，教材をあけてみて，はじめてどのような内容のものかを知った結果，「自分にはとても使いこなせない」ということがわかる，という場合もあります。

また，代金についても，「毎月たったこれだけで買えます」と，毎月の負担がいかにも少ないような説明をしただけで，合計の代金がいくらになるのか，説明していないなどという場合もあります。

◆情報格差と契約責任

このように，契約の内容について，事業者から説明されていない場合には，消費者がその契約を正しく選択することができないという状況が起こるのは当

然でしょう。契約すれば，商品などの提供がされますし，代金の支払いもしなければならなくなるため，契約の内容がわかってきます。そのために，契約を締結してから，「こんなはずではなかった」「こういうこととは知らなかった」などという不満が出てくるわけです。

　こうした消費者の不満に対して，事業者は「いやならば，最初から契約しなければいいのだ。契約した後でやめたいなどというのは，消費者のわがままだ」などということもあります。そのために，このような苦情が消費生活センターなどに寄せられることとなるわけです。しかし，ここで考えてみる必要があることは，なぜ消費者がこんなはずではなかったという不満を持つのか，その不満を持つことが消費者のわがままですまされるのか，ということです。

◆優位に立つ事業者の責任

　商品やサービスなどを販売しているのは，事業者です。現代社会では，商品やサービスは，事業者によって開発され，代金や販売の条件についても事業者が決めています。消費者と事業者とが個別に話合いをして双方が内容について十分協議をした上で決まったものではありません。

　双方が同等の情報をもっていて対等な立場で協議した上で決めた契約であれば，「自分も納得して締結しておいて，やめたくなったなどというのは，わがままだ」というのは，合理的です。しかし，事業者側がすべて準備をし，不特定多数の消費者に向けて販売活動している場合には，話が違います。消費者は，販売しようとしている事業者から，商品やサービス，契約条件などについての情報を提供してもらわなければ，それがどのような内容のものかわかりません。正しい内容がわからなければ，適切な選択ができないのは，当然です。

　このように，「こんなはずではなかった」という消費者の不満は，その商品や契約に関する情報や知識が対等ではなく，しかも，双方の協議で内容が決まるわけでもない，という対等な契約ではないということから発生しているわけです。被害を防いで，消費者が契約を適正に選択できるためには，事業者からの情報提供が大変重要である，ということがわかります。

◆契約の押し付け

　では,「最初から契約したくなかったから,やめたい」という苦情の原因は何でしょうか。契約したくないのならば,契約しなければよいように思われます。契約したくなかったのに,どうして契約してしまったのでしょうか。

　このような不満を持つ消費者の言い分の多くは「契約したくない」といったのに,「説明だけでも聞いてほしい」「見るだけでもいいから」などと言われて,引き止められたり居座られたりしてしまった。結局長時間にわたって居座られ,仕方なく契約した,などというものが多くみられます。

　電話勧誘販売では,勧誘電話に対して契約しないといって断ると,契約するまで執拗に繰り返し勧誘電話がかかってきて,辟易して契約するほかなくなった,などという被害も多発しています。

　本来は契約の勧誘なのに,「点検にきました」「アンケートに協力ください」などと別の目的をかたってあがりこんだり近づいたりして,契約するまで引き止めたり居座ったりするというものも少なくありません。

◆交渉力の格差

　このような被害を被るのは,事業者と消費者との交渉力の差によるものです。

　このように,消費者取引における消費者被害は,消費者と事業者が対等ではないために,構造的に発生しているものです。消費者が適正に契約を選択することができるためには,情報の格差や交渉力の格差を是正する環境の整備が必要不可欠です。

> **用語解説**
>
> ### 消費生活センター
>
> 　都道府県・市区町村などの地方自治体が,消費者安全法に基づいて,消費者への助言,情報提供,啓発,話合いのあっせんなどの支援を行うために設置している相談窓口のこと。週4日以上,消費者問題の専門家である消費生活相談員が対応をしている。

4 契約についての一般ルール

Q 消費者契約法が制定されるまでは,消費者取引に関する当事者間の守るべきルールを定めた民事ルールはなかったのですか。あったとすれば,どういうルールがあったのですか。また,その民事ルールでは不十分だったのは,なぜなのでしょうか。

A

◆契約の民事ルール

　民事ルールとは,当事者同士の守るべきルールや紛争が発生した場合にその紛争を解決するためのルールを意味するものです。

　消費者契約法がなかった時代にも,契約に関する民事ルールがなかったわけではありません。

　契約についての民事ルールの一般法として「民法」があります。民法は最も基本的な民事ルールです。消費者契約法が制定されるまでは,事業者と消費者との間の契約に関する民事ルールも,民法だけだったわけです。

　消費者契約法では,民法で定める契約ルールだけでは消費者の救済に不十分な部分があることから,民法の一部を修正するために定められたものです。消費者契約法施行後は,消費者救済のためには消費者契約法と民法が適用されています。

◆民法の基本理念

　それでは,民法に定めるルールだけでは,なぜ消費者契約についての民事ルールとしては不十分だったのでしょうか。この点を考えるためには,民法がどのような法律であるかを考える必要があります。

　民法は,19世紀型市民法といわれます。日本の民法も,19世紀にフランスやドイツなどのヨーロッパで市民革命を経て制定された19世紀型市民法を導入したものでした。こうした性質から,民法では,対等かつ平等で合理的な精神を

持つ互換性のある市民で構成されている市民社会を前提に，どのような民事ルールが合理的か，という視点から定められています。つまり，売り手と買い手はすべての面で対等平等であることを前提としたルールになっています。

民法の基本理念は，「私的自治の原則」とされています。そして，この基本理念から導きだされる3つの柱である「私的所有権の絶対」「契約自由の原則」「過失責任の原則」という考え方に基づいて民法の内容が定められています。

◆私的所有権の絶対

「私的所有権の絶対」とは，簡単に言えば，自分が所有しているものは他人に勝手に奪われることはない，自分の自由な判断で処分することができるとする考え方です。また，自分が所有するものは，自分の責任で管理して，他人に迷惑をかけないようにしなければならないということも，この中には含まれています。

◆過失責任の原則

「過失責任の原則」とは，市民の間で事故が起こった場合には，被害者は，事故の加害者側にその事故の発生について過失や故意があった場合には損害賠償を求める権利があるという考え方です。事故が起こり，被害が発生したことは事実でも，加害者と考えられる当事者の故意や過失がはっきりしないという場合には，被害者は，加害者に損害賠償をしてもらうことはできないとする考え方です。その場合は，被害は，被害者側の負担として処理することになるわけです。

過失は，事故の発生に落ち度がある場合のことをいいます。故意とは，意図的に起こした場合のことをいいます。たとえば，運転ミスで交通事故を起こして歩行者にケガをさせた場合には「過失による事故」として損害賠償責任があります。相手を殴ってケガをさせた場合には，意識して暴力をふるってケガをさせたわけですから，故意による事故ということになります。

事故が発生した場合の損害賠償についての「過失責任の原則」は，その事故が，被害者側で加害者側の故意・過失により発生したものであることを証明で

きた場合には加害者側に責任を負担させ，証明できない場合には，被害者側の負担とするのが対等な市民同士の間では合理的だ，という考え方に基づいて責任の分担を決めたものであると言ってよいでしょう。

市民同士は対等です。事故は日常生活でしばしば起こります。対等な者同士の生活では，自分が被害者になることもあるでしょうが，相手が被害者になることもあります。つまり，お互い様の世の中であると言えます。また，対等な者同士であれば，相手の落ち度であることなどについて被害者が証明しなければならないとしても，不当な負担とは言えないでしょう。

お互い様の対等な当事者間で発生した事故については，長い目で見た場合には，こうした過失責任による処理が合理的な考え方であるとされたわけです。

◆契約自由の原則

「契約自由の原則」というのは，契約に関する基本的なルールです。

市民生活では，様々なことがらを当事者間の契約により処理しています。契約とは，簡単に言えば，「当事者間の約束で，法律で保護するに値するもの」を意味するものです。「法律で保護するに値する」とは，相手方が契約を守らなかった場合に，法律により守るように強制することができるという意味です。たとえば，家族や友人同士の「今度の日曜日に，映画を見に行こう」などというものも「約束」です。しかし，約束とはいっても，これが破られたからといって，相手に損害賠償請求をしようとか，守るように裁判に訴えるのが妥当だとは，誰も考えないでしょう。つまり，約束でも，このようなものまでは「法律でいう契約」とは言わないということです。

商品を，代金を支払って売ったり買ったりする，金銭を貸し付ける，などというものは，すべて当事者間で，双方が守るべき内容を決めて合意をするものです。つまり，「約束」であるわけです。しかも，これは，双方がきちんと守ることが法律的に義務として要求されるレベルの約束です。約束を破れば，約束違反の責任を法律によって追及されるという性質のものです。

さて，このような「契約」に関する民法の基本的な考え方が「契約自由の原

則」です。この「契約自由の原則」とは，ひとくちに言えば，契約については，契約を締結する当事者間の自由にまかされているという意味です。これは，契約をする一方の当事者，たとえば売り手側のわがままが許されているという意味ではありません。近代市民社会では，対等な市民同士が契約をするというふうに考えています。対等かつ平等な当事者間で契約をする場合には，「当事者同士でよく協議をして，双方の納得の上で決めればよい」とする考え方のことであると言えます。あらゆる意味で対等で平等な当事者間であれば，お互いが協議をすれば双方が納得できる最も合理的なかたちでものごとがすすめられてゆくであろうと考えられたわけです。そして，対等で平等な市民が，相手と協議をして納得の上で決めたことについては，自分の選択に責任を持たなければならないことは当然のことであると考えられます。これが，「契約は守らなければならない」という，契約の拘束力の意味です。

　契約の自由には，「契約締結の自由」「契約相手を選ぶ自由」「契約の内容の自由」「契約の様式の自由」があります。これらのいずれも，当事者双方が話し合って決めればよく，こうでなければならないという強制的なルールは特にありません。

◆**消費者契約の特色**
　しかし，こうした考え方が合理性をもってくるためには，当事者が対等かつ平等な市民同士であり，契約は，その都度双方が全く対等な立場と知識と情報と交渉力で話合いをして決めてゆくという前提が必要です。消費者契約の場合には，この前提が欠けています。事業者と消費者とは，経済力も社会的力も対等ではありませんし，すでに述べてきたように知識も情報も対等ではありません。交渉力においても対等ではありません。さらに，消費者契約では，契約の都度双方で話し合って内容を決めているわけではなく，事業者サイドで契約条件を一律に決めて売り出します。このように前提が異なる場合には，結局は強者である事業者の自由となり，弱者に自由がないことになってしまいます。

5　規制緩和と消費者契約法の関係

Q 世界的な規制緩和の流れの一環として，消費者契約法の制定が必要とされたということですが，規制緩和をすると，なぜ消費者契約法が必要になるのですか。

A

◆国際的な流れ

　これまで業法で様々な規制が設けられてきましたが，行政規制の中から過剰な事前規制を緩和して，民間の自由競争を活性化させようという世界的な流れがすすめられました。

　日本でも，こうした世界の流れの中で，様々な規制緩和がすすめられました。その典型的なものがいわゆる「金融ビッグバン」です。金融取引では，銀行については銀行法，証券取引については証券取引法，保険については保険業法などというように業界ごとに規制をする法律を定め，監督官庁である旧大蔵省（現在の金融庁）が業界ごとに厳しい規制を設けてきました。銀行業務は銀行だけが，証券取引は証券会社だけが，保険は保険会社だけが取扱うことができるものとされ，それ以外の業種は参入することが禁止されていました。また，それぞれの業種で販売することができる金融商品も業法で認可が必要とされ，厳しい行政規制があったため，業者ごとに自由に決めて販売することは大きく制限されていました。

　こうした行政による規制は，行政規制を守っていれば業界も守られるというメリットはありましたが，自由な競争が阻害され，発展が制限されるという側面も指摘されるようになってきました。

　一方，行政による規制の中には，業界を擁護育成するという範囲内で，利用者である投資家などが不当に被害を被らないようにするための事業者に対する規制も一部には含まれたり，配慮されたりしていました。本来は，業界育成のための業法ではありますが，一面では，消費者保護の配慮もされていたと言え

るわけです。

◆金融ビッグバンを例に
　ところが，規制緩和がすすめられ，行政規制の緩和がすすめられていました。たとえば，銀行法・証券取引法・保険業法などの業法による規制緩和，具体的には開業規制や業務，販売する金融商品についての行政による規制を大幅に緩和しました。銀行も，証券会社も，保険会社も，競合して金融商品を販売することができるようにし，販売することができる金融商品の内容についても，大幅に業者の自由の幅を広げました。
　消費者は，銀行は預貯金，証券会社は証券取引という「すみ分け」の中で選べばよいというわけにはいかなくなりました。その結果，事業者によるきちんとした説明がないと，消費者が正しく選択できない状況が進行していきます。

◆公正競争のために
　事業者が自由に開発した商品を自由競争の中で販売活動する場合には，かえって適正な競争が阻害される危険があります。事業者の自由な競争を促進して，よりよいものが市場に残っていくためには，消費者が，多様な商品や事業者の中から，適切な選択をすることができる環境にあることが重要な前提となります。つまり，事業者についての情報や商品や契約の内容についての情報が開示され，開示された必要な情報に基づいて消費者が自主的に選択できることが必要不可欠です。商品や事業者についての情報が開示されないままの状態では，適切で合理的な選択をすることは不可能です。以上のことから，契約を適切に選択することができる環境整備として格差のある消費者契約を対象とした民事ルールの制定が必要不可欠とされたわけです。

6 特定商取引法などでは不十分なのか

> **Q** 訪問販売の場合には，特定商取引法の適用があるなど，消費者保護の制度があります。これだけでは，不十分なのですか。また，これらの法律と消費者契約法とはどういう関係になるのですか。

A

◆クーリング・オフ制度

　消費者のための身近な法律として比較的よく知られている制度に「クーリング・オフ制度」があります。このクーリング・オフ制度を定めている法律が，1976年に制定された「訪問販売等に関する法律」です。この法律は，2000年の改正で「特定商取引に関する法律」（特定商取引法）と名称が変更されています。

　特定商取引法は，訪問販売や通信販売などの業者に対して，監督官庁である消費者庁が規制をするための業法です。その中では，消費者が紛争を解決するために利用できるクーリング・オフ制度などの民事ルールとしての制度も設けられていますが，これは消費者取引のうちのごく一部を対象としているにすぎません。監督官庁が民間事業者に対する規制をするために制定された「業法」は，基本的には契約当事者間の一般ルールとしての民事ルールではないのです。

◆いろいろな「業法」

　私たちの身近な生活を見渡してみると，様々な業法による事業者規制が行われてきました。ごく身近なものをいくつか紹介してみましょう。

　銀行を規制するための「銀行法」があります。これは，金融庁が特別に認可した業者にだけ銀行業務を行うことを許すための業法です。旅行会社に関しては観光庁による「旅行業法」による規制が行われています。宅配便や引越し業者については，国土交通省による「道路運送事業法」による業規制がされています。

これらは，業法の中でも，開業するのに監督官庁の認可や登録等が必要とされるなど，規制も最も厳しいものです。こうした業法は，監督官庁が民間事業者に対して厳しい規制もしていますが，規制は，業界を育成するためにも機能しており，規制を守れば業者は監督官庁によって保護されることにもなっています。

◆「業法」の限界

　日本では，業法の内容や運用において，業界の健全化よりも業界の保護に偏りすぎているということが規制緩和の必要性の理由の１つとして指摘されていました。つまり，最も弱小の業者も営業を継続することができるように配慮して，指導のレベルを低くしているとする指摘です。これを「護送船団方式」と言っています。このような業法による規制では，事業者間の自由で公正な競争が阻害されるために，業界の健全な発展がそこなわれます。また，監督官庁の指導に従えば業者は保護してもらえるために，消費者との間で適正な契約を締結しようとする努力がそこなわれることとなり，事業者の無責任を助長することになります。現実に，こうした業法に偏った業界保護の姿勢は，監督官庁と事業者との癒着を生み，銀行スキャンダルや証券，保険をめぐるスキャンダルなどの形で大きな問題となってきたものです。

◆後追いの「業法」

　さて，業法は，このように監督官庁が事業者を規制するためのものですが，業界を保護育成するという視点が強く，契約当事者間のルールを定めたものではありません。そして，契約当事者間のルールとしては，民法によるものとされていました。

　業法は，こうした法律の性質の違いから，民事ルールとは制度の仕組みや内容などが大きく異なっています。

　まず，行政による規制は過大であってはならず本来は必要最小限度にしなければならないという考え方がとられています。そのために，特定商取引法で規制対象とされている取引は，過去に被害が爆発的に多発したために社会問題と

なったものなどに限られています。「後追い」となっているということです。

被害が多発して社会問題とならない限り、法律では消費者保護の対象としないというのでは、消費者にとっては全く納得できません。

◆適用範囲の限定

業法は、このように、すべての消費者契約に適用があるものではなく、限定されたものにしか適用されません。これは、そもそも消費者契約トラブルが事業者と消費者との間の様々な格差から生ずるものであることを踏まえると、不合理に感じられます。過去に被害が多発したものでないと、消費者の被害が救済されたり予防することが考えられないことも、契約当事者から見たら不合理この上ありません。

◆被害救済の不十分

さらに大きな問題は、事業者が業法に違反した場合の効果です。

普通、消費者は、相手の事業者が特定商取引法などの法律に違反した販売活動をしたために自分が被害を受けた場合には、相手がルール違反をしたわけですから、相手の事業者に応分の責任をとってもらえると考えます。たとえば、業法の中には、「契約の締結について勧誘する場合には、消費者を威迫して困惑させてはならない」などの禁止規定が定められている場合があります。これに違反をして事業者が消費者を威迫して契約を押し付けた場合には、消費者は、そのために自主的な選択ができず不必要な契約をさせられたわけですから、契約は相手の違反を理由にキャンセルできるはずだと考えます。

ところが、業法で定められたルールは、基本的には事業者が消費者に対して守ることを要求されている民事ルールではないので、このような効果（これを民事効果といいます）はないのが一般です。

◆行政処分と刑事罰

事業者は監督官庁に対して守るべきことを守らなかったということになるため、違反業者に対しては、監督官庁による行政処分ができる制度になっている

ことが多く，刑事罰が定められていることもあります。たとえば，違反業者に立入り検査をして事実を調べた上で，改善指示などの行政処分をしたり，違反の程度が重いとか，改善指示命令が守られないなどの場合には，業務停止や禁止命令の行政処分をするなどです。しかし，行政上のコストの問題があるため，被害がある程度累積しないと行政処分は発動されません。さらに，行政処分は，あくまでも将来の改善を目的とするもので，被害の救済のためのものとは位置付けられていません。

皮肉な言い方をすれば，事業者は，行政機関が処分をするギリギリまでのところで，違法行為をとどめておけば行政処分などはされなくてもすむということもありうるわけです。ここに，監督官庁と事業者との間の様々な不祥事や癒着が発生する潜在的理由があります。

◆違法に得た利益の問題

さらに，行政は，違法行為によってなされた過去の販売活動については，被害救済などの処理はしないことが多かったため，違法な販売活動による利益はそのまま温存されることになっていました。ある意味では，業法にある行政規則だけだと，違反業者は，"やり得"のような部分があったわけです。

よく，違反業者が摘発されると，被害にあった消費者は，当然自分たちの被害も救済される，行政によって救ってもらえるのではないかと期待するようですが，そういう制度にはなっていませんでした。

被害を救済するためには，どうすればよいのでしょう。かつては，対等な当事者間であることを前提として定められた民事ルールの民法しかなく，民法によって契約関係は解決することとなっていました。情報が足りない，あるいは交渉力が弱いために被害を受けた消費者にとっては，苛酷な状態であったわけです。

このようなことから，業法だけでは，適正な消費者契約を形成し，消費者被害を適切に救済するためには不十分であったことがおわかりいただけると思います。

◆**違法な収益のはく奪制度**

違法な収益をはく奪する手段については，下記の2つの制度が考えられます。

(1) 被害者の集団訴訟をやりやすくする方法

この制度については，2013年12月「消費者の財産的被害の集団的な回復のための民事の裁判手続の特例に関する法律」（消費者裁判手続特例法）が成立しました。

特定適格消費者団体が，消費者の被害救済のための集合訴訟をおこせるようになりました。2016年10月1日から施行されています。

(2) 行政によるはく奪制度

2014年11月に「不当景品類及び不当表示防止法」（景品表示法）が改正され，違反業者に対する課徴金制度が導入されました。2016年4月1日から施行されています。

2016年の特定商取引法改正により，行政処分として，違反業者に対する返金命令（消費者に対して返金するよう命令できる制度）が可能となりました。

7　2018年改正のポイント

Q　2018年の消費者契約法改正では，どのような改正がされたのですか。

A

◆改正された事情

　消費者契約法は2000年に制定された際に，施行後5年を目途に見直すことになっていました。しかし，2016年改正までは実体法部分の見直しはされませんでした。2016年改正では，施行後15年ほど経過しているため改正すべき論点が多岐にわたっていることから，検討にあたりすべての論点について結論を出すことはできませんでした。そこで，消費者委員会消費者契約法専門調査会（以下「調査会」という）において2015年12月までに合意に達した点について改正されたのにとどまりました。残された課題については，調査会で継続的に検討を続け意見の一致が得られた部分について随時改正するとして検討が続けられました。さらに，2018年民法改正により成人年齢が20歳から18歳に引き下げられ，若者の消費者被害防止のための法的手当てが必要となりました。

　2018年改正は上記の経過により，改正に至ったものです。改正法は2019年6月15日から施行されます。2018年改正でも残された課題はまだ多岐にわたっており，参議院の付帯決議では残された課題については，さらに検討して結論を出すことを求めています。

◆2018年改正のポイント

　2018年改正のポイントは以下のとおりです。

1　事業者の努力義務規定を見直し，より明確化しました（3条1項）。
2　取消制度の困惑類型として，「付け込み型勧誘」よるものとしてさらに6類型を追加しました（4条3項関係）。
3　取消事由の不利益事実の不告知について，事業者に故意がある場合だ

けでなく重過失による場合も取り消すことができるものとしました。
4 　不当条項に「成年後見の開始の審判などを契約の解除事由とする条項」を追加しました。
5 　不当条項に，損害賠償責任の有無などを事業者が決める条項を追加しました。具体的には，免責条項に関する8条，解除権を放棄させる条項に関する8条の2に追加する形で改正しました。

8 困惑類型として取消事由に追加された項目

Q 困惑類型として従来の不退去と退去妨害に加えて,6類型が追加されたということですが,どのような場合に取り消すことができることになったのですか。概要を教えてください。

A

◆困惑類型の改正のポイント

2018年に困惑類型に追加されたのは,消費者のおかれている状況を乱用して消費者を困惑した状態においこみ,本来であれば契約しないであろう契約をさせてしまう,「付け込み型」勧誘といえる類型です。過去に消費生活センターなどに寄せられた相談の中から,若者に多い被害例と高齢者に多い被害例とを取消事由として追加しました。

◆追加された取消事由

追加された取消事由は以下のとおりです。具体的な内容や該当する典型的な事例については,第7章で取り上げています。

(1) 社会的経験の不足に付け込むタイプ(その1)
   消費者の不安の解消や願望の実現を告げて迫るタイプ
(2) 社会的経験の不足に付け込む,いわゆるデート商法など(その2)
(3) 高齢者などの判断力の低下による不安に付け込むタイプ
(4) いわゆる霊感商法
(5) 契約締結前に債務を履行して,もとに戻すことが困難な状態にして契約を迫るタイプ(いわゆる「さお竹屋」商法(第7章Q9参照)が典型的)
(6) 契約前の行為(調査など)について不当な請求をして契約を迫るタイプ

消費者契約法の目的と事業者への義務付け

この章では，消費者契約法の目的や事業者の義務などについてどのように定められているのか，などのポイントを取り上げています。

1 法律の目的

Q 消費者契約法の目的は何ですか。

A

◆法律の目的は重要

　法律は，その法律を制定した目的などを，最初の条文で明確にしていることが普通です。どういう目的で定められた法律なのか，ということは，その法律を運用してゆく上での基本的な考え方を示すもので，大変重要です。

　消費者と事業者との間で締結される消費者契約では，契約当事者である消費者と事業者との情報や交渉力が対等ではないことなどから構造的に多数の消費者被害が発生しています。ことに，契約社会がすすんで，消費者が日常的に多種多様な契約を締結するようになってきたという事情も加わって消費者契約に関する被害が消費生活センターによせられる消費者被害の9割近くを占め，しかも1990年代以降急増しました。そこで，消費者が契約を適正に選択できるような環境を整備する必要があることから消費者契約法の制定がすすめられた大きな理由でした。

◆1条の定め

　消費者契約法1条では，法律の目的について下記のとおり定めています。

　「この法律は，消費者と事業者との間の情報の質及び量並びに交渉力の格差に鑑み，事業者の一定の行為により消費者が誤認し，又は困惑した場合等について契約の申込み又はその承諾の意思表示を取り消すことができることとするとともに，事業者の損害賠償の責任を免除する条項その他の消費者の利益を不当に害することとなる条項の全部又は一部を無効とするほか，消費者の被害の発生又は拡大を防止するため適格消費者団体が事業者等に対し差止請求をすることができることとすることにより，消費者の利益の擁護を図り，もって国民生活の安定向上と国民経済の健全な発展に寄与することを目的とする。」

◆格差の是正の重要性

　この条文でも、はっきりと「消費者と事業者との間の情報の質及び量並びに交渉力の格差に鑑み」と記載してあるように、消費者契約法の制定過程で指摘されてきた「消費者と事業者とは、対等な関係にないために構造的に消費者被害が発生するものである」ことを前提として、「情報格差」と「交渉力格差」があることを法律上で明確に指摘している点は、大変重要です。

　情報の質や量に格差がある、そのために、事業者からの説明が適切なものではない場合には、消費者が、契約について誤認をして間違った選択をする場合がある。また、交渉力が対等ではないために、事業者の勧誘方法が適切なものではない場合には、消費者が困惑した状態に陥って、適切な選択がそこなわれる場合がある。そういう場合には、消費者は、契約を取り消すことができるということを、この法律で定めている、ということが明記されているわけです。

　また、契約の内容も、契約当事者間で協議した上で双方納得の上で定めたものではなく、事業者が決めた取引条件で販売されるために、消費者は一方的に不利な取引条件を押しつけられる危険があります。そこで、この法律では、たとえば、民法上本来であれば、事業者が消費者に対して損害賠償の責任を負担すべきはずなのに「一切責任を負わない」などの定めをおいて損害賠償責任を免れようとしたりするような不当な条項を定めていた場合には、内容に応じて、その条項の全部や一部を無効とする制度を設けたものであることを明確にしています。

◆消費者の利益が第一目的

　そして、これらの規定の目的が、第1番目に「消費者の利益」の擁護であることを明確化しています。消費者利益を擁護することによって結局は、国民生活が安定向上するとともに、公正な市場競争のための環境が整備され、その結果として、国民経済が健全に発展することを目的としています。

2　事業者の義務

Q　消費者契約法では事業者にどのような義務があるとしていますか。

A

◆事業者の2つの責務

　消費者契約法は，事業者と消費者との間には，「情報の質及び量，交渉力などに格差があり」そのために様々な消費者被害が構造的に発生している現実があることから，格差を是正して取引を公正なものとするためと，適切な消費者被害の救済をはかるために設けられたものです。

　そこで，この法律では，契約にあたり事業者は消費者に対して努力義務を負っていることを明確にしました。従来は，契約当事者間に関する法律上のルールとしては，民法しかなく，民法では，対等当事者間での契約であることを前提としていたため，売り手が買い手に対して説明義務を負うといった定めは設けられていませんでした。しかし，消費者契約については，対等当事者間の契約ではないことから，事業者に以下に説明するように説明義務などがあることを明確にしたもので，大変重要な意味がある部分と言えます。

　事業者の努力義務として，2018年の改正により以下のものが定められています（3条1項）。

① 　消費者契約の条項を定める場合…消費者契約の内容が解釈に疑義が生じない明確かつ平易なものとなるように配慮すること
② 　消費者契約の締結について勧誘をする場合…消費者契約の内容について個々の消費者の知識・経験を考慮した上で必要な情報を提供すること

　ただし，これらの義務については「努めなければならない」とされており，努力義務にとどまっています。

◆法律の目的との関係

　本来，この法律の1条で定められた「目的」規定から常識的に考えれば，事

業者の「情報提供義務」あるいは「説明義務」に該当する規定は，法律上の義務規定とされるべき位置付けのものであったと言えます。

しかし，消費者契約法の立法時点においては，産業界から強い反発がありました。「契約の締結にあたっては，事業者側に説明義務や情報提供義務があることを定めることは反対である」「あくまでも説明義務・情報提供義務を定めるというのであれば，立法化に反対する」との強い姿勢が示されました。

しかし，消費者契約法は，「事業者と消費者との情報の非対等性」という基本的な問題があるために被害が構造的に発生することから，民法の修正が必要とされたものです。つまり，事業者の説明義務・情報提供義務は，消費者契約法の最も基本的な柱になるべきものです。この点が明確にされなければ，立法化の意味は大きく減退してしまいます。こうしたことから，「努力規定」にトーンダウンして制定されたものです。

◆消費者基本法の消費者の権利

2004年に消費者保護基本法が改正され消費者基本法と改められました。改正基本法では，2条で消費者の権利を明確化しました。「商品及び役務について消費者の自主的かつ合理的な選択の機会が確保され，消費者に必要な情報……が提供され」ることなどが，消費者の権利であることが明記されました。

これを受けて5条で，事業者の責務についても具体的に「消費者の安全及び消費者との取引における公正を確保すること」「消費者に対し必要な情報を明確かつ平易に提供すること」「消費者との取引に際して，消費者の知識，経験及び財産の状況に配慮すること」などの責務を有するものとされています。

消費者基本法による事業者の責務規定を踏まえるならば，消費者契約法の事業者の義務を法的義務に改正すべきではないかと思われます。

なお，情報提供義務（説明義務）は努力義務ではありますが，法律上明記されたものです。したがって，事業者に情報提供義務違反があった場合には事業者に対する損害賠償請求が認められると考えられます。パソコンスクールの契約について，事業者に義務違反があったとして損害賠償を命じた裁判例があります。

3　消費者の努力

Q 消費者契約法では，消費者に対してどのような努力を求めていますか。

A

　消費者契約法では，消費者に対しても努力規定を設けています（3条2項）。その内容は次のようなものです。

　「消費者は，消費者契約を締結するに際しては，事業者から提供された情報を活用し，……消費者契約の内容について理解するよう努めるものとする。」

　言うまでもありませんが，消費者が事業者と契約を締結する場合に，契約の内容などについての理解が不十分なままに契約を締結すると，後日「そんなはずではなかった」というトラブルが発生する可能性が出てきます。こうしたトラブルを防止するためには，契約をするかどうかを選択する段階で，相手の事業者に関する情報や契約の内容についての情報を入手して，正しく理解した上で選択するということが重要です。

　もちろん，消費者が独自にこのような情報を入手することは，現状ではきわめて困難ですから，事業者がこれらについての説明や情報提供を果たさないと，消費者は情報不足に陥り，内容についての正しい理解をすることができません。したがって，まず，事業者が消費者に対する情報提供義務を尽くすことが大前提になりますが，事業者が情報提供義務を尽くしさえすれば消費者被害は発生しなくなるというものではないことは，当然のことです。

　事業者から提供された情報などに基づいて，消費者が契約の内容について理解した上で選択する必要があることはいうまでもありません。

　つまり，この消費者の努力規定は，あえて法律で明記しなければならないというものではなく，当然の常識について指摘しているにすぎないものと言えます。

4　消費者被害救済のルール

Q 消費者契約法の消費者被害救済制度には、どのようなものがありますか。

A

　消費者契約法では、消費者被害を救済するための制度と予防のための制度として、①消費者契約を取り消すことができる制度、②消費者契約の中で定められている一方的に消費者に不利な契約条項を無効とする制度、③適格消費者団体による差止制度の3種類の制度を設けています。

　被害救済のための①と②の制度は、消費者被害が起こる原因がそれぞれ違っています。そこで、救済方法も違う制度を設けたという事情があります。

◆契約の取消制度

　消費者契約を取り消すことができる制度は、事業者が、消費者に対して契約の勧誘をする際に、消費者の情報格差に付け込んできちんとした説明をしなかったために消費者が誤解して契約してしまったという場合と、交渉力格差に付け込んで消費者を困らせて不必要な契約を押し付けた場合などを前提にした救済ルールです。もともと不当な勧誘がなされなければ消費者は契約しなかったという事情がある場合です。そこで、勧誘の段階でルール違反をして消費者に不必要な契約を押し付けた事業者に責任を取ってもらおう、という考え方に立ち、消費者は、事業者のルール違反を理由にして契約を取り消すことができるものと定めました。

　取消しできるのは、事業者の説明に問題があったために消費者が誤解して契約してしまった場合（誤認した場合）、消費者に迷惑をかけて困惑させて契約を押し付けた場合（困惑した場合）、過量販売にあたる場合の3類型です。

　誤認した場合としては、①事業者が重要事項について事実と違う説明をした場合（不実告知）、②将来の見込みが不確実な事項について断定的な判断を提供した場合（断定的判断の提供）、③重要事項に関して、消費者にとって不利益と

なる事実を知りながら説明しなかった場合（不利益事実の不告知），の3種類に該当する行為があった場合に，取消しができます。

困惑した場合としては，①消費者が断っているのに，事業者が，消費者の自宅や勤務先などに居座って困惑させた場合（不退去），②消費者が契約しないから帰りたいと言っているのに，勧誘場所からの退去を妨げて困らせた場合（退去妨害）の2種類に，2018年の改正で，6類型が追加されました（第1章Q8参照）。

◆不当条項の無効制度

消費者契約では，契約の条項を決めるのは事業者です。あらかじめ事業者が契約条項を一方的に定めて，不特定多数の消費者に対して販売するのが普通です。住宅の賃貸借契約でも，スマホの契約でも，消費者は，契約する場合には，事業者が用意した契約内容に従う契約をすることになります。

その結果，契約条項は，事業者に都合よく定められていることが多く，消費者には，自分に不都合であったとしても知識がないために気がつかないことが普通です。もし気がついて，契約条項を修正してもらいたいと思ったとしても，大きな交渉力格差がある上に，事業者は一律の取引条件で大量の取引をビジネスとして行っているため，修正してもらうことは期待できません。

しかし，情報・知識，交渉力，経済的な地位などが優っていることをいいことに，消費者に対して一方的な不利益を強いることは，取引の公平を損なうものです。不特定多数の消費者に被害を与えて儲けることを放置すれば，消費者を食い物にするあこぎな事業者が市場で発展することになりますが，これでは公正な市場競争を損なうことになります。

そこで，消費者契約法では，法令中の任意規定（＝公の秩序に関しない規定）に比べて，消費者にとって一方的に不利であるだけでなく，その程度が信義誠実の原則（民法1条2項）に反する条項は無効と定めました。この場合には，契約を取り消しできるのではなく，契約は維持されます。成立した契約の条項，つまり事業者と消費者とが守ることになる契約条項を公平なものに是正すると

いうことになります。不当条項にかかわる問題が契約上発生した場合には、事業者が決めた不当な条項によって処理するのではなく、民法等の公平な考え方によって処理する、ということになります。

これだけではわかりにくいので、消費者契約法では、典型的な不当条項として、次のように3つの例示規定を設けていました。①民法上事業者が消費者に対して負う損害賠償責任を免責する条項は無効とする（債務不履行責任、不法行為責任、瑕疵担保責任の3種類）、②消費者の損害賠償責任を加重する条項は無効とする（契約が解除された場合の違約金、消費者が支払いを怠った場合の遅延損害金、の2種類）、③消費者の解除権を放棄させる条項は無効。

さらに、2018年の改正で、④後見開始の審判等を理由とする契約解除条項は無効とするとの定めを設けました。

◆消費者が被害を主張

これらの制度は、被害を受けた消費者が、事業者に対して主張する必要があります。事業者に対して文書などで通知をした上で話し合いをします。話し合いで解決がつかない場合には、訴訟をする方法があります。

◆消費者団体訴訟の導入

2006年から消費者団体訴訟制度が導入されました。内閣総理大臣に認定された適格消費者団体は、事業者の行う上記の不当な行為をしないように差止めを求めることができます。申し入れても改善されない場合には差止訴訟ができることになりました。

消費者団体訴訟制度の導入により、消費者契約法は、事後的な救済ルールにとどまらず、事前に事業者にルールを守ることを求めることにより被害予防のための制度としても機能することが期待できることとなりました。

消費者契約法の適用対象

消費者契約法は，すべての消費者契約に適用が
あります。
ここでは，具体的な契約を取り上げて，
どのような場合に適用があるのかを
説明しています。

1　消費者契約法の適用範囲

Q　消費者契約法の適用がある契約は、どのような契約ですか。適用範囲を教えてください。

A

◆原則すべての消費者契約が対象

　消費者契約法は、原則としてすべての消費者契約に適用されます。

　ただし、例外が1つだけあります。それは、消費者が事業者との間で労働契約をした場合です。労働契約の意味や、適用されないこととなった理由は、本章Q4で詳しく取り上げていますので、参照してください。

　すべての消費者契約ということは、次のことを意味します。

(1)　どんな販売方法の契約にも適用されます。消費者が店舗に買いに行った契約（店舗取引）にも、訪問販売にも通信販売にもインターネットでの取引（電子商取引）にも、同一ルールの適用があるということです。

(2)　何を買う契約にも適用があります。家庭用品や食料品のような日常的な買い物にも、不動産取引にも、金融商品などの複雑な取引にもすべて適用があります。

(3)　商品の販売だけでなく、各種のサービス契約にも適用があります。出会い系サイトの利用とかアダルト系サイトの利用、オンラインゲームの利用なども情報提供サービスに該当する立派な契約です。ですから、消費者契約であれば消費者契約法の適用があります。

(4)　消費者が代金を支払う有償契約に適用があるのは当然ですが、消費者が代金を支払わない無償の契約や、消費者が売主になる中古品の買取契約（買取り）にも適用があります。

◆事業者による買取契約の場合

　2010年ころから、消費者が持っている宝飾品や貴金属等を業者が買い取る貴

金属等の買い取りサービスでトラブルが多発しています。そのために，2012年には特定商取引法を改正して訪問買取を規制対象に追加されました。特定商取引法には「訪問販売」の規制はあるものの，「訪問買取（訪問購入）」の規制はなかったためでした。その後，2012年に特定商取引法が改正され，訪問購入は規制対象として追加されました。ただし，中古車の買取りなどは適用除外とされています。

しかし，事業者が消費者に代金を支払って買い取る契約も消費者契約ですから，消費者契約法の適用はあります。中古車の買取や下取りなどの古くから行われている取引ですが，このような取引にも消費者契約法の適用があります。

◆消費者契約とは

では，消費者契約とはどういう契約でしょうか。

消費者契約法では，消費者契約について，「消費者と事業者との間で締結される契約をいう」と定義しています（2条3項）。消費者と事業者とが締結する契約であれば，労働契約以外の契約は，すべて消費者契約法の適用があるわけです。

消費者と事業者の定義については，本章Q2，3で詳しく説明しています。

2　消費者とは

> Q　消費者契約とは消費者と事業者との契約だということですが,「消費者」とは, どういう意味ですか。

A

◆消費者とは「個人」

　消費者契約法では,「消費者とは個人をいう」と定めています。「個人」というのは, 1人ひとりの人間を指します。

　個人ではない場合には, 消費者契約法の保護の対象にはならず事業者として扱う, 消費者としての保護が及ばないというふうに区別しました。

　民法では, 法律上の「人」を, 人間である「自然人」と人工的に作った人の集団など（典型的なものが「株式会社」などの会社です）を法律上の人として扱う場合の「法人」とに区別しています。

　消費者契約法では, このような民法上の区別とは違って, 普通の人間1人ひとりを「個人」として捕え, これ以外の人の集団などを区別するという考え方を取りました。したがって, 人の集まりで個人ではない場合には, 民法上の「法人」ではなくても, 消費者ではないという区別の仕方をしたわけです。

◆学生サークルの場合

　ただし, 人の集まりは事業者として扱い, 消費者として保護しないという一律の割り切った取扱いには問題もあります。

　たとえば, ある大学のスポーツサークルの学生たちが, サークルとして合宿をするための施設の予約をとり, その後インフルエンザの流行のため予約をキャンセルしたというケースで, 約定のキャンセル料が不当に高いとして訴訟になったケースがありました。

　サークルの言い分は「学生サークルだから実質は消費者」というもので, 事業者は「団体だから消費者ではない」と主張し, 争点となりました。

東京地裁は，サークルの実態を見れば消費者であると判断して救済しました。こうした観点は，条文上明確化するのが望ましいと思われます。

◆個人でも事業者にあたる場合

なお，個人で契約しても消費者として扱われない例外的な場合があるということに注意が必要です。

それは，個人がその契約を「事業として」行ったり，「事業のために」契約した場合です。この場合には，個人であっても事業者として取り扱います。

個人で事業を営んでいる人が，事業者との間で契約をした場合には，「その契約はどういう目的の契約なのか」ということを確認する必要があります。個人としての生活をする上で利用するための商品やサービスなどを購入したのであれば消費者契約です。しかし，事業のための契約であれば，消費者契約ではないということになります。

たとえば，資産運用の契約をした場合を考えてみましょう。教育資金や住宅の購入の頭金，老後の生活資金などの確保のために個人資産の運用をする目的であった場合には消費者契約になります。個人で事業を営んでいる人が，事業資金を運用する目的で契約した場合には，消費者契約ではないということになるわけです。

なお，「事業」の意味については，事業者について取り上げているＱ３を参照してください。

3 事業者とは

Q 消費者契約とは消費者と事業者との契約ということですが,「事業者」とはどういう意味ですか。

A

◆事業者の定義

　消費者契約法では,「法人その他の団体」「事業として又は事業のために契約の当事者となる場合における個人」を事業者であると定義しています（2条2項）。

◆法人

　民法では,法律上の「人」を法人と自然人とに区別しています。自然人とは,消費者契約法で「個人」と呼んでいるものと同じで「人間」を指す法律用語です。法人について,「法人は,この法律その他の法律の規定によらなければ,成立しない」と定めています。根拠となる法律に基づいて設立手続きを行い,法務局に登記をしたもののみが法人であるとし,法律上も自然人と同様に「人」として扱うとしているわけです。法人の登記は,わかりやすくいえば自然人の場合の戸籍に似ているといえます。

　民法上の法人には,一般社団法人と一般財団法人があります。一番身近な法人は「株式会社」でしょう。株式会社は,会社法により設立運営されている典型的な法人です。病院の経営をしている医療法人,福祉事業をしている社会福祉法人,私立学校を経営している学校法人なども身近な法人です。

　ボランティア活動をするためにNPO法人にする場合が少なくありません。NPO法人も法人なので,事業者ということになります。

◆法人以外のその他の団体

　団体として活動しているものが,すべて法人としての設立手続きを取っているとは限りません。

そこで，消費者契約法では，団体であれば法人でなくても事業者であると定めました。

消費者にとって身近な例としては，ボランティア団体があります。ボランティア活動をしている場合にNPO法人を立ち上げれば法人であり，事業者に該当するわけですが，法人を設立しなくても，ボランティアグループが契約した場合には事業者として扱われます。たとえば，高齢者に対するお弁当の提供活動をしているボランティアグループは事業者として扱われます。

◆営利活動である必要はない

事業活動の典型的なものが営利事業ですが，消費者契約法で事業者として取り扱われる場合には，営利事業を行っている場合だけとは限らないことに注意が必要です。上記で説明したように，営利事業ではなく，純粋なボランティア活動として行っていても団体として行っていれば事業者として評価されます。

◆事業として，または事業のための契約の当事者となる場合の個人

個人で契約した場合にも，「事業として，または事業のための契約を締結する場合」には，その個人は事業者に該当することになります。

個人で小売業を営んでいる人が，事業活動のための備品を購入したり，仕入れしたりした場合には，事業のための，または事業としての契約になるため，事業者として扱われることになります。事業とは，反復継続して行うものであればよく，営利事業でなくても対象となります。

この個人が，反復継続して消費者に商品やサービスを提供した場合には，事業者として，消費者契約法の適用を受けることになります。要するに，消費者に対して商品やサービスなどを反復継続して提供することによって，知識や情報，交渉力などの格差が生ずるという観点から，このような考え方をとっているわけです。

4 適用除外 —— 労働契約

Q 労働契約は，消費者契約法の適用がないということですが，それはなぜですか。また，労働契約とは，どのような契約ですか。

A

◆労働契約とは

　労働契約とは，労働者と使用者との間で，使用者に労働者が労働を提供し，使用者が労働者に労働の対価として賃金を支払う契約を指します。

　労働契約法では，「労働者」とは，使用者に使用されて労働し賃金を支払われる者をいう，「使用者」とはその使用する労働者に対して賃金を支払う者をいう，と定義した上で，労働契約の成立については，「労働契約は，労働者が使用者に使用されて労働し，使用者がこれに対して賃金を支払うことについて，労働者及び使用者が合意することによって成立する」と定めています（6条）。ここでいう労働契約は，契約の形式的な定め方によるのではなく，契約の実態を見て判断するという点にポイントがあります。

　民法では，雇用契約について「雇用は，当事者の一方が相手方に対して労働に従事することを約し，相手方がこれに対してその報酬を与えることを約することによって，その効力を生ずる」と定めています（623条）。

　労働契約のすべてが雇用契約だけというわけではありませんが，労働契約の典型的なものが雇用契約であると考えれば，わかりやすいでしょう。

◆労働契約と消費者契約

　以上のように，労働契約とは，労働者と使用者との契約です。

　労働者は，個人として，生活のために賃金を得ることを目的として契約します。労働者が契約に基づいて行うことは，使用者に対する労働の提供です。労働の提供は，自分で事業を行うこととは違います。また，事業として契約しているわけでもありません。

したがって、この場合の労働者は、個人ですから消費者契約法の消費者の定義に該当します。

一方、使用者は、自分の事業活動のために労働者から労働の提供を受けることを必要として契約します。したがって、事業のために契約をしていると考えられます。使用者が法人や団体であれば、消費者契約法にいう事業者に該当します。このように、使用者が法人その他の団体である場合も、個人である場合でも、事業として又は事業として契約の当事者となっているため、事業者に該当することになります。

そうすると、労働契約は、消費者と事業者との間で締結されているということになるため、定義規定の上では労働契約も消費者契約法に該当することになります。

◆労働契約が除外された理由

それにもかかわらず、労働契約が消費者契約法の適用がないものとされたのは、労働契約に関する労働者の権利を守り保護する法律制度が、別に設けられているためです。憲法では、27条において、「すべて国民は、勤労の権利を有し、義務を負ふ。」、「賃金、就業時間、休息その他の勤労条件に関する基準は、法律でこれを定める」と定めています。

勤労者の基本的人権を守るために、労働基準法や最低賃金法など様々な法律を定めています。2006年には、労働契約法と労働審判法が制定されました。労働契約法では、その目的として「この法律は、労働者及び使用者の自主的な交渉の下で、労働契約が合意により成立し、又は変更されるという合意の原則その他労働契約に関する基本的事項を定めることにより、合理的な労働条件の決定又は変更が円滑に行われるようにすることを通じて、労働者の保護を図りつつ、個別の労働関係の安定に資することを目的とする」と定めています（1条）。

以上のように、労働契約については、弱者である労働者の権利を守り取引の適正化を確保するための法律制度があるので、消費者契約法の適用からは除外したわけです。

5 個人の賃貸人（大家さん）との賃貸マンション契約

Q マンションを住まいとして借りる契約をしました。賃貸人（大家さん）は個人です。この場合には，消費者契約法の適用はありますか。

A ....

◆問題の所在

　土地や建物の賃貸借契約は，賃貸人が，賃借人に，土地や建物を貸し，賃借人は賃料を支払う内容の契約です。ちなみに，民法では，賃貸借契約に関して，601条において「賃貸借は，当事者の一方がある物の使用及び収益を相手方にさせることを約し，相手方がこれに対してその賃料を支払うことを約することによって，その効力を生ずる」と定めています。借りる人が個人で契約しており，その目的が住まいとして使用するためであったなら，賃借人は，消費者に該当します。

　では，賃貸人は，事業者でしょうか。

　賃貸借契約では，賃貸人は，契約に従って定期的に賃料収入を得ることになります。賃貸住宅などでは，賃料は1ヵ月単位で決められていることが普通なので，毎月定期的に賃料収入を得ることになります。すると，反復継続して住宅を貸し続けており，かつ，反復継続して賃料収入を得ている，と評価できるのではないかいう問題意識です。

　反復継続性があれば，継続的に事業を営んでいるということに該当するのではないかというのが，賃貸住宅の契約に関して，消費者契約法の適用が問題となる一番のポイントです。

◆賃貸人が法人の場合

　賃貸人が，株式会社などの法人であれば，「法人その他の団体」は事業者なので，当然に賃貸人は事業者に該当します。

　賃貸人が事業者，賃借人が消費者というわけですから，この契約は消費者契

約です。

◆賃貸人が個人の場合

賃貸人が個人の場合でも，賃貸用のアパートを所有して賃貸業務を営んでいる場合，賃貸用のマンションを所有するなどして賃貸業務を行っているという場合には，反復継続して賃貸業務を行っているということになるので，事業者に該当します。

消費者が投資用マンションの購入を勧められるケースが増加していますが，投資用マンションの契約では，マンションを購入して，これを賃貸して賃貸収入により購入の際に組んだローンの返済を行い，購入時よりも高額な価格で売却すれば利益が得られるなどと説明する場合が多く見られます。このような契約だと，マンションを購入する消費者は，賃貸して，賃貸収入を得ることを目的としているということになります。したがって，このマンションを住居として借りた個人との関係では，マンション購入者は事業者ということになると考えるのが適切だと思われます。

高齢者が，老後の生活資金を賃料収入によって確保するために，退職金などで賃貸用マンションを購入するなどというケースもあります。この場合の高齢者は，個人として賃貸人になるわけですが，反復継続してマンションを賃貸することを目的としているということになるので，事業者に該当すると思われます。

◆空いた住まいを賃貸した場合

一方で，個人で住宅を賃貸するケースとしては，次のようなケースもあります。

・転勤しなければならなくなったため，それまで住まいとして使用していた住宅を，転勤期間中賃貸するケース。
・高齢者が，それまで家族が住宅として使用していた住宅が，家族の独立や結婚，転勤，介護などで空いてしまったために賃貸することにしたケース。

問題は，このような場合にも，反復継続して賃料を支払ってもらう内容の契

約であるからという理由から，事業者に当たると評価して消費者契約法の適用があるとするかどうか，という点です。

　類似のケースで，複数の裁判例があります。いずれの裁判例も，上記のような事情がある場合には，消費者契約法の適用はないと判断しています。つまり，同一の賃借人から反復継続して賃料を支払ってもらっているというだけでは事業者には該当しないと判断しているわけです。

　このように，個人の賃貸人の場合には，賃貸した建物の性質，どういう事情で賃貸することになったのか，などのいろいろな事情を総合的に評価して判断する必要があるということです。

6　個人自営業者のパソコンの購入

Q 個人で小売店を経営しています。パソコンを購入した場合，消費者契約法による保護の対象にはなりませんか。

A ....

◆問題の所在

　消費者契約法では，個人であっても「事業として又は事業のために契約の当事者となる個人」は消費者ではなく，事業者に該当すると定めています。

　個人で事業を行っている場合には，個人として契約した場合であっても，消費者である可能性もあるし，事業者に該当する可能性もあるということになります。

　その区別は，「問題となっている契約をした主な目的は何だったのか」ということにより判断することになります。

◆パソコンの使用目的は？

　商品によっては，事業用にしか使わないというものも少なくありません。また，その人の携わっている事業には関係がなく，私生活でしか必要がないという物もあるでしょう。

　しかし，パソコンは，業務上で必要とされる場合もありますが，それだけとは限りません。個人でパソコンを持って愛用している人はたくさんいます。私生活におけるパソコンの保有率は，きわめて高くなっています。このように購入した商品などが事業上でも私生活でも使用される可能性がある種類のものである場合には，購入するときにどのような目的で購入することにしたのかという点が重要となります。

　そこで，購入者がパソコンを購入することにしたのはどういう理由によるものだったのかがポイントになります。つまり，購入するパソコンの使用目的によって区別されることになるということです。

◆業務で使用するための購入のとき

　小売店で在庫管理や経理、インターネットで商品の仕入れをしたりメールで注文を受け付けたりする目的で購入した場合には、「事業のために」購入したことになります。この場合の購入した個人は、「事業者」に該当します。したがって、消費者契約法の適用はありません。

◆私的に使用するために購入した場合

　個人的にオンラインゲームをしたり、ネットサーフィンをしたり、インターネットショッピングをしたりなど、私生活の楽しみや必要のために購入した場合には、「事業のために」契約したわけでもないし、「事業としての」契約にも該当しません。したがって、この場合の契約をした個人は「消費者」に該当することになります。

　販売業者から購入したのであれば、事業者との契約になるので、消費者契約法の適用があります。

◆私用にも事業にも使用するとき

　購入したパソコンを事業で使用することもあるが、私生活での買い物や趣味などでも使用するという場合もあります。

　この場合には、どちらの使用目的が主たるものなのかで判断することになるでしょう。少しでも業務で使用するなら消費者契約法の適用がないというわけではないと考えられます。

　パソコンの使用目的のウェイトは、どちらが重いのかを考えて、区別することになるでしょう。

　この場合、パソコンが仕事場においてあるか、自宅（私生活のスペース）においてあるか、も重要な判断基準の1つになると考えられます。

7 脱サラのフランチャイズ契約

Q コンビニのフランチャイズの本部から勧誘されて、脱サラすることにしました。フランチャイズ契約をしてコンビニを開業したのですが、勧誘時の説明と違って赤字続きです。この場合、消費者契約法の適用はありますか。

A ....

◆問題の所在

コンビニエンスストアの多くは、フランチャイズシステムによるものです。コンビニを経営する場合には、フランチャイズの本部とフランチャイズ契約を結びオーナーになります。本部は、契約相手のオーナーに対して、店舗の内装、商品の品ぞろえの決定と卸売、値付け、アルバイトの雇用方法や給料、接客マニュアルなどのノウハウを提供します。オーナーは、本部の指導に従って営業し、毎月本部にロイヤリティを支払います。

脱サラの場合には、小売業についての知識や経験が皆無なので、多くの場合には、本部による市場調査に基づく（と称する）売上の見通し、商品の選択、経営コストの説明などを受けて、本部から提供された情報を頼りに契約するかどうかを決めるケースが少なくありません。

コンビニの経営を始めてみると、勧誘の際の本部の説明が客観的なデータの裏付けのないものだったとか、不正確なものだったということがわかってくる場合があります。こんなことなら契約しなければよかったという事態になる場合もあるのです。

◆コンビニ経営は事業

上記の問題は、脱サラをするコンビニオーナーと、本部との間では、知識や情報、経験などに圧倒的な差があって対等性が欠如しているということです。

この非対等性による被害は、消費者と事業者との間の契約と同種のものであ

ると考えられます。ところが，コンビニの経営は，店舗で商品の小売販売業を営むということですから，営利事業に該当します。営利事業は事業活動に当たります（ただし，事業は，営利事業に限定されるものではなくもっと広い概念です）。

以上から，コンビニを経営するために契約するフランチャイズ契約は，「事業のためにする契約」に該当し，「事業のために契約の当事者となる個人」は，消費者契約法では事業者として取り扱われるのでコンビニのオーナーになるためのフランチャイズ契約には，消費者契約法の適用はされないという結論になります。

◆コンビニ経営のために法人を設立する場合も

フランチャイズ契約を締結する際に，株式会社などを設立して会社として契約するシステムの場合があります。株式会社は法人です。法人は，消費者契約法では「事業者」に該当します。したがって，株式会社として契約した場合には，上記のような検討さえ必要ではなく，事業者同士の契約ということになるので，消費者契約法の適用はありません。

◆開業準備のための契約への配慮

現在の消費者契約法では，事業者同士の契約という扱いになりますが，脱サラなどのフランチャイズ契約では，圧倒的な知識や情報の格差があることは事実です。脱サラする人に対等の自己責任を求めるのは過酷であり，無理を強いるものです。

外国では，開業準備行為として素人が契約した場合には例外的に消費者契約と同等の保護をする扱いとする制度を設けている国もあります。日本でも，こうした配慮が必要ではないかとの指摘があります。検討されるべき指摘ではないかと思われます。

8　マルチ商法・内職商法

Q　知人から「いい話がある」と誘われて説明会に行ったところ，儲け話であり，どうやらマルチ商法のようでした。説明内容にもかなり問題がありそうで，友達は間違った説明を信じ込んでいるようです。マルチ商法にも消費者契約法の適用はありますか。

A

◆マルチ商法の規制

　マルチ商法は，特定商取引法で連鎖販売取引として規制されています。20日間のクーリング・オフ制度などの適用があります。

　内職を世話してもらえるとの勧誘を受けて，内職をするために必要な道具などを購入する契約の場合（いわゆる内職商法）にも，同様に業務提供誘引販売取引としての規制があり，20日間のクーリング・オフ制度の適用があります。

　ですから，不本意な契約をしたと思った場合には，クーリング・オフ制度を利用するのが最も簡便な解決手段です。

　また，マルチ商法を途中でやめたいと思った場合には，中途解約をして販売員をやめることができます。販売員になってから1年を経過していない場合には，未使用の在庫の返品も可能です（ただし，販売価格の1割を上限とする違約金がかかることがある）。

◆消費者契約法の適用が問題になるとき

　クーリング・オフ期間は過ぎてしまっているが，断っているのに契約を押し付けられたのでやめたいと思っているという場合には，消費者契約法による取消しができるかということが問題となります（なお，説明に問題があるために勘違いしたという場合には，特定商取引法に取消制度があります）。

　断っている場合の契約の押し付けを理由にした取消は，取消制度に関する項目を参照してください。

◆**適用をめぐる論点**

　消費者契約法の適用の有無をめぐって問題となるのは，マルチ商法も内職商法も，消費者が金銭的な利益を得るために契約するものである，という特徴があるためです。

　消費者契約法では，個人が契約する場合であっても，「事業として契約する場合」「事業のために契約する場合」には，事業者として取り扱います。そこで，マルチ商法の契約をして販売員となり，知人などを勧誘して販売員にしたり商品を販売したりすることによって利益を得ることは，事業に該当するのではないかということが問題となるわけです。

　ここで考えなければならないことは，消費者が契約した相手との契約の実態です。契約の形式的な内容ではなく，事業の実態がどうなのか，ということが問題となります。

　問題となる内職商法では，「内職の紹介をする」というのは，商品などを購入させるためのセールストークにすぎず，現実には，実質的な内職の紹介はしてはもらえないというケースがほとんどです。

　マルチ商法では，商品が健全に流通する市場は存在していないことが少なくありません。商品の販売は，会員を集めて利益を得ることが目的であることからネズミ講といわれないようにするために口実にしているにすぎず，一般消費者への販売市場の実態はないという場合があります。このような場合には，事業としての実体はなく，消費者としてとらえる必要があると考えられます。

　また，マルチ商法では，素人を知らず知らずに破たん性の強い危険な事業活動に引き込み，経済的な損害を被らせる点に問題があるものです。情報格差が甚だしく著しい点に大きな問題があります。したがって，販売員としての活動実態が乏しい場合にも，消費者として扱うことが適切だと考えられます。

重要事項の不実告知による取消制度

消費者契約法では，契約の締結の勧誘にあたり
事業者が契約の重要事項について事実と異なる
説明をしたために消費者が誤認して契約を締結
した場合には，取り消すことができると
定めています。
この章では，［重要事項の不実告知］に該当する
のは，どのような場合なのか事例を挙げて
紹介しています。

1　不実告知を理由に取消しできる場合

Q 消費者契約では，事業者が重要事項について事実と違う説明をした場合には取消しできるということですが，どういう場合に取消しできるのですか。

A

◆取消しできるのは

　消費者契約法では，消費者契約について次の条件がすべてそろった場合には，消費者はその契約を取り消すことができると定めています（4条1項1号）。
① 事業者が，契約の締結について勧誘をする際に，
② 事業者が，締結することとなった契約の重要事項について，消費者に対して事実と異なることを告げ，
③ 消費者が，事業者から告げられた説明を事実と信じ（＝誤認し），
④ その結果，重要事項について誤認して契約したこと。

◆取消制度が定められたわけ

　消費者と事業者との間には情報格差があります。事業者が販売している商品やサービスに関すること，価格や取引に関する条件などは，事業者が説明してくれなければ，消費者は正しく選ぶことはできません。

　もし，事業者が消費者に対して事実と違う説明をした場合には，消費者は間違った情報に基づいて判断することになります。その結果，契約した後で本当のことがわかり，消費者が，「この選択は間違いだった。こういうことなら契約するつもりはなかったのだから，契約をやめたい」と思った場合には，どちらが責任を取るべきなのでしょうか。

　消費者契約法が制定される以前の事業者の言い分は「契約は自己責任。契約した後で，こんなはずではなかったという言い分は通らない。契約した以上は守る義務がある。いやなら初めから契約しなければよい」というものでした。

こういう言い分の根拠としてよく持ち出されるのが民法による契約ルールです。民法では，契約を締結する際に，一方の契約当事者に説明する義務があるといった考え方は取っていません（ただし，最近では，不動産取引やハイリスクの金融商品などについて，事業者に説明義務があるとする判決が定着しています。ただし，民法レベルの裁判例では，日常の消費生活用品までは事業者の説明義務を認めていません）。それは，民法が，対等な当事者間の契約を前提としているためです。対等であれば，相手も同じだけの知識や情報があることが前提になります。その場合には，契約の相手方に説明義務を負担させる必要性はありません。

　ただ，民法でも，契約のときに真っ赤なウソでも言いたい放題でかまわないと言っているわけではありません。契約関係においては，当事者はお互いに信義誠実を原則として行動することが求められ，著しく信義誠実に反した行動をすれば契約が無効になったり権利が制限される場合があります。

◆民法上の「詐欺による取消制度」
　また，民法では，詐欺による取消しという制度があり，相手をだまして契約させた場合には，相手方はその契約を取り消すことができます。ただし，詐欺による取消制度は，対等な当事者同士の契約を前提としたものなので，取消しできるための要件が次のように厳しくなっています。
　① 事業者に，相手をだまして錯誤（勘違い）に陥れてやろうという故意があること，
　② 事業者に，錯誤に陥らせて契約させようとする故意があること，
　③ 事業者が，相手方に対して，違法な欺もう行為を行ったこと，
　④ それにより，相手方が錯誤に陥ったこと（勘違いしたこと）。
　⑤ その結果，相手が契約したこと。勘違いがなければ契約しなかったという事情があること。

　これらの事実は契約を取り消す側，つまり消費者が証明する必要があります。証拠が不十分で証明できない場合には取消しは認められません。最も証明が難

しいのは①，②です。事業者が，だまして契約させるつもりだったと認めれば簡単なのですが，事業者が，自分から認めるはずはありません。事業者が何を考えていたのかを消費者側が証明するのは大変難しいのです。

さらに，③の「違法な欺もう行為をした」という点も難しい場合があります。民法は，対等な情報を持っていることを前提としたルールなので，事業者が事実と違うことを言ったからといって，それを鵜呑みにするのはどうかという指摘がされることがあるのです。事業者はビジネスをしているのだから売りたいのは当たりまえ，良いことをおおげさに言ったり，言いたくないことを言わないのは当然社会から許容されている，大げさなセールストークだからただちに違法とは言えない，などと言われる傾向がありました。

◆消費者契約の特殊性

しかし，消費者契約では，事業者と消費者との間には情報格差があります。消費者にとっては事業者の説明は大変重要です。知りたいこと，わからないことをいろいろ説明してもらった上で契約するかどうかを決めるのは，消費者にとっては当然のことです。

そこで消費者契約法では，事業者が契約の締結に際して重要事項について事実と異なることを告げ，消費者がその説明が事実であると誤認して契約した場合には，その契約を取り消すことができると定めたわけです。消費者契約法では，民法の詐欺による取消しの場合のように，事業者の意図は問題にしていません。説明に違法性があることも必要としていません。重要事項についての説明がなされ，その説明が事実と異なっていれば取消しできる制度は，事業者には勧誘をする際に消費者に対して説明する義務があることを前提としたルールです。簡単に言えば，事業者が説明義務に違反したら，消費者はその契約を取消しできることにした制度であると考えられます。

2 不実告知の対象となる重要事項

Q 契約の勧誘の際「重要事項についての不実告知」により誤認して契約した場合には取消しできるということですが,「重要事項」とは何を指しますか。

A ....

◆法律の定め

消費者契約法では,重要事項について,以下のように定めています(4条5項)。

① 消費者契約にかかる事項であって,消費者の当該消費者契約を締結するか否かについての判断に通常影響を及ぼすべきものであって,
② 次に掲げる事項をいう。

と規定し,「次に掲げる事項」として以下の3種類を定めています。

一 物品・権利・役務その他の当該消費者契約の目的となるものの質・用途その他の内容
二 物品・権利・役務その他の当該消費者契約の目的となるものの対価その他の取引条件
三 契約の目的となるものが,当該消費者の生命,身体,財産その他の重要な利益についての損害又は危険を回避するために通常必要とされる事情

◆事業者が提供する商品・役務などに関すること

「物品・権利・役務その他の当該消費者契約の目的となるもの」とは,消費者との契約に基づいて事業者が消費者に提供することを約束している商品やサービス(役務)に関することを意味します。

事業者が販売している商品の内容・量・品質・使い方・効果などは重要事項です。サービスについても同様に,その内容・サービスの質・効果・回数など

が重要事項に該当します。消費者にとって，事業者がどのような商品やサービスを販売しているかは，契約を選ぶ際には最も基本的で重要なことだからです。

役所の推奨品かどうか，有名ブランド品かどうか，国産品なのか・外国製であれば生産国はどこかなどの原産国表示，原材料の成分表示なども，商品の品質にかかわる重要な事項に該当します。どんな場合に使用できるのか，使用方法はどういうものか，使用した場合の効果なども重要事項です。

◆販売価格などの取引条件

契約をする場合には，商品の内容や質と，価格とを比較検討して選択します。したがって，価格も重要な判断要素になります。さらに，契約にもよりますが，返品や中途解約などの様々な契約条件が重要な場合もあります。そうした場合には，これらの契約条件も重要事項に該当します。

◆その契約を必要とした事情

契約の内容そのものについての不実の告知による誤認だけではなく，「その契約を必要とする事情」についても，事業者による不実告知がなされて誤認した時には，契約を取り消しできることがあります。

消費者トラブルでは，事業者から「シロアリがいるから駆除する必要がある」と言われて契約したのに，その後，シロアリはいなかったことがわかったといったケースが少なくありません。事業者は，契約の動機付けをするために事実と異なることを告げ，消費者を誤解させています。事業者による不実の説明がなければ消費者は契約しなかったはずです。消費者は「不必要な契約をさせられたのだから，とりやめたい」と考えるでしょう。このように，消費者が，このままだと被る可能性のある不利益や危険を回避するためにその契約が必要であると誤認した場合であれば，取消事由とされています。

3 健康食品の効能効果の不実告知

Q リウマチに悩まされていましたが，チラシの体験広告でリウマチが治ったというのを見たので問合せをしました。担当者がすぐに自宅までやって来て，「これを飲めば頑固なリウマチも絶対治る」と言われ，信用して，健康食品を購入しました。この場合には，契約は取り消すことができますか。

A

　勧誘の際の，商品の効能効果が問題になるケースは少なくありません。

　健康食品などで，「体質が改善される」とか，「病気が治る」などと説明して契約を締結させるというケースは典型的なものです。そもそも，健康食品は医薬品ではなく，病気を治したり体質を改善したりする効能効果は認められていませんし，薬機法ではこのような広告などを禁止しています。2005年には，健康食品アガリクスやメシマコブのバイブル商法が旧薬事法（現・薬機法）に反するとして刑事摘発されています。

　消費者契約法では，事業者が消費者を勧誘するに際し，重要事項について事実と異なることを告げ，消費者が告げられた内容が事実であると誤認して契約をしたときは，これを取り消すことができると定めています。重要事項とは，消費者がその契約をするかどうかの判断に通常影響を及ぼすものです（57頁参照）。

　商品の効能効果についての説明は，「一　売買契約の目的物である商品などの品質その他の内容」という重要事項について，事実と異なる説明がされた場合に当たります。「重要事項について不実の説明をした場合」に該当するものとして取り消すことができます。

　ご質問のケースでは，契約の勧誘の際に，セールスマンが消費者に対して，「リウマチが治りますよ」と説明し，消費者はその説明を信用して契約していますから，明らかに「重要事項についての不実告知があった」場合に該当します。

　効能効果の不実告知としては，健康食品のほか，健康器具，布団の品質，超音波ネズミとり器にネズミとり効果がない，など様々なケースがあります。

4　商品の性能の不実告知とセールスマンの勘違い

Q 訪問販売で，ノズルの先から180度の水蒸気が吹きつけられるので，頑固な油汚れなども洗剤を使用しないできれいにすることができ，ダニも死ぬなどの説明を受けて，30万円の外国製掃除機を購入しました。あとで，この説明は事実と違うことがわかりましたが，セールスマンは自分が信じているように説明したのだから取消しには応じられないと主張しています。

A

　訪問販売で，商品の説明に事実と違う点があったケースです。この掃除機は，「ノズルの先から180度の水蒸気が出る」「これ1台で家中のすべての汚れを洗剤等を使わないできれいにできる」点がセールスポイントでした。ノズルから出る水蒸気の温度は洗浄力を左右するもので，品質を大きく左右します。

　この種の外国製の掃除機で，タンクの中では水蒸気が180度まで加熱されるのですが，ホースを通ってノズルの先に出てくる場合には，水蒸気の温度は130度まで下がってきているため，品質について虚偽の説明をしていたということが問題となりマスコミでも報道されたことがありました。

◆セールスマンも誤認していたとき

　このケースでは，輸入元が作成したパンフレットに，ノズルの先から180度のスチームが出ると不実の表示がされていました。販売業者はこのパンフレットに基づいて説明を行っていました。ウソを言うつもりはなく，販売業者も誤認していたわけです。このように，販売業者やセールスマンもパンフレットの内容を信じて説明していた場合であっても，消費者契約法では取り消すことができます。

　消費者契約法では，事業者が事実を知っていながらウソをいう「故意」があることは必要としていません。また，「ウソをついてだまそう」という意図も必要としていません。客観的に見て，説明の内容が事実と異なっていたのであれ

ば取り消すことができる制度となっています。

　これは，プロには消費者が契約するかどうか判断するための正確な情報をわかりやすく提供する義務があるとする考え方に基づく制度であるためです。

5　中古車の走行距離についての不実告知 ── 勧誘とは

Q ディーラーのウェブサイトで見つけた中古車を店舗に見に行きました。現物の表示，走行距離メーターも走行距離はウェブサイトと同じでした。他車に比べて安いので担当者に確認したところ，「お買い得になっている」と言われ，契約しました。その後，走行距離メーターが改ざんされていたことがわかりました。契約を取消しできますか。

A

◆中古車と走行距離

　中古車の売買では，走行距離や修復歴は商品の品質にかかわる事項であり，重要事項に当たります。そこで，契約の勧誘の際に重要事項について不実告知がなされたのであれば，契約を取り消すことができます。

◆担当者は不実の勧誘はしていないという反論

　類似ケースの裁判例があります。事業者の言い分は，「販売担当者は走行距離については何も説明していない。消費者から質問もなかった」，だから勧誘の際の不実告知はしていない，というものでした。

　しかし，判決では重要事項の不実告知に該当するとして取消しを認めました。その理由は次のようなものでした。

　販売業者は，ウェブサイト，展示してある自動車の表示，走行距離メーター（まき戻し改ざんがされ，虚偽の走行距離を示していた）で，消費者に対して走行距離についての情報提供をしていました。これらの事実と異なる表示は販売業者が行っていました。消費者は，これらを確認した上で表示されていた走行距離を信用して契約しました。ところが，販売業者は，走行距離についての一連の表示について消費者に対して誤解を正す説明は一切しませんでした。つまり，契約の勧誘は，事実と異なる走行距離についての表示も含めて一連のものとして行われたものであると評価すべきであると指摘しました。

　このような考え方は，誤認による取消制度は，事業者には消費者に対して「契

約の締結について判断を左右するような重要事項に関して正しい情報を提供する義務がある」とする制度趣旨であるとの考え方に立てば当然の結論といえるでしょう。

◆勧誘は一連の流れでとらえる

　契約の勧誘をする場合には、事業者は、段階に応じていろいろな形で消費者に対して情報提供を行います。広告、ウェブサイト、パンフレット、商品などの店頭表示、口頭の説明など、ケースによって様々なものが用いられます。

　消費者は、これらの情報を総合的に考慮した上で選択します。

　したがって、「契約の締結について勧誘をするに際し」については、「直接消費者に相対して勧誘をする際にどう口で説明したか」だけを問題にするという趣旨ではありません。勧誘が広告に記載してある情報を前提にすすめられているのであれば当然に広告に記載してある不実表示も勧誘に含まれます。口頭では述べていなくても、資料類を示してそれを前提に勧誘していれば不実告知が問題になりうるのです。

　このように、不実告知に当たるかどうかを判断するためには、一連の経過が重要です。口頭の説明だけでなく、消費者が契約を選択する際の判断に影響を与えたものについては、広告や資料類も含めて収集し、どの段階で、どの資料を見たのか、勧誘はどのようにすすめられたのか、などを丁寧に把握することが重要です。

6　契約の必要性についての不実告知

Q 建物の強度の点検を依頼したところ,「強度が足りないので工事をしないと危険だ」と言われて強化のためのリフォーム工事を依頼しました。その後,知人の建築士に相談したところ,「まったく強度の問題はなく,必要のない工事だった」と言われました。取消しできますか。

A

◆問題の所在

消費者契約法では,「契約の締結に関し重要事項について不実の告知をし,消費者が誤認して契約した場合には取り消すことができる」と定めています。そして,重要事項については2016年改正前の4条4項では「消費者契約にかかる次に掲げる事項であって,消費者の当該消費者契約を締結するか否かについての判断に通常影響を及ぼすべきもの」として,下記に定める事項と規定していました。

「一　物品,権利,役務その他の当該消費者契約の目的となるものの質,用途その他の内容

二　物品,権利,役務その他の当該消費者契約の目的となるものの対価その他の取引条件」

質問のケースでは,建物強化工事というリフォーム工事を依頼しています。事業者の勧誘で問題があったのは,「建物の強度は問題がないので工事は不必要なのに,"必要である"と事実と異なる説明をした」点です。消費者契約法では,重要事項をきわめて狭く定めているためにこのようなケースでも取消しできるかという解釈論上の問題が出てきます。

◆「工事の質・内容」についての説明と考えれば

質問のケースでの事業者の説明は,下記のように解釈することができます。
「現在の建物は強度が足りないので,地震がきたら倒壊する危険がある。そこ

で，建物の強度を増して地震があっても倒壊しないようにするという内容の工事をする必要があります」

そこで，消費者は，説明された内容の工事を依頼する契約をしたわけです。

しかし，現実には，建物の強度には問題はないわけですから，「倒壊する危険がある建物を倒壊しないようにする工事」という勧誘時の契約内容に関する説明は「事実と異なる契約内容」ということになります。このように考えれば，「契約の必要性について事実と異なる説明をした」場合であっても，多くの場合には「契約内容についての不実の告知」に当たるので重要事項の不実告知に該当すると考えることも可能です。

◆類似のケース

類似のケースとしては，「黒電話が使えなくなる」と勧誘して多機能電話の契約をさせる，いもしない「シロアリがいる」といってシロアリ駆除の契約をさせるなどというものがあります。

◆2016年改正

2016年改正で，重要事項に「…契約の目的となるものが当該消費者の生命，身体，財産その他の重要な利益についての損害又は危険を回避するために通常必要であると判断される事情」（4条5項3号）が追加されました。

したがって，現在では，当然取消しできます。

7　ニセブランド商品の通信販売

Q　ネット通販で以前からほしかったブランドものの商品があったのでネットで注文しました。届いた商品は明らかなニセブランド品でした。取消しできますか。

A

◆問題の所在

本物のブランド品かニセブランド品かは「商品の品質」にかかわる重要な問題です。消費者契約法の定める「契約の目的である商品の質」に関する説明が事実と異なっていた場合に該当します。だとすれば当然に取消しできるように思われるのですが，実は大きな問題があります。それは，質問のケースが通信販売による取引である点です。

◆広告と勧誘

消費者契約法では，重要事項について不実告知を理由に取消しできるのは「消費者契約の締結について勧誘をするに際し」重要事項の不実告知があった場合と定めています。消費者が店舗に出向いて販売員から説明を受けた場合や訪問勧誘でセールスマンから勧誘を受けた場合に本物のブランド品と説明されて信用した場合であれば，重要事項の不実告知を理由に取消しできます。

ところが，通信販売は広告を見て消費者が通信手段で申込みをするものなので，セールスマンによる勧誘はありません。そのため，「通信販売の広告に不実の表示がされていて消費者が表示どおりと誤認して契約した場合には取消しできるか」ということが問題になります。

ここでは，「通信販売の広告は勧誘に当たるかどうか」が問題になります。伝統的な民法の考え方では「広告は誘引であり勧誘とは違う」という立場をとるために，虚偽の広告を信じて契約した消費者は契約の取消しはできないのではないかという疑問が出てくるわけです。

◆広告のいろいろ

この問題を考える際に重要なポイントは，①消費者契約法が目的としているのは「事業者と消費者との情報格差の是正である」ということと，②通信販売は「事業者による広告だけをたよりに消費者が契約の選択をする取引である」という2点です。

広告にもいろいろなものがあります。テレビコマーシャルもあります。新聞の折込みチラシに入ってくるスーパーやデパートなどの広告もあります。また，通信販売の広告もあります。テレビコマーシャルは商品を知ってもらうための広告です。スーパーの折込みチラシは店舗に消費者を誘うことが目的です。このような広告が「契約の締結についての勧誘ではない」ことは当然で，「誘引であって勧誘とは別のもの」という理解は，合理的な考え方と言えるでしょう。

◆通信販売の広告の特殊性

しかし，通信販売の広告はスーパーのチラシなどとはその意味合いが全く違います。

通信販売の広告は，事業者が消費者に対して契約を選択する上での重要な情報提供を行っているものです。したがって，実質的には勧誘と違いはありません。たとえば，金融商品などでは個別の消費者に向けてのダイレクトメールやインターネットによる広告は勧誘として捉えた上で様々な規制を設けています。

このように一般の通信販売において広告に不実の表示をした場合には，消費者の選択を誤らせることになるので，重要事項の不実告知に該当すると評価して契約は取消しできると考えるべきだと思われます。

◆広告と勧誘

商品などについて事実とちがう表示を見て消費者が購入したときは，取消しできるかは，解釈上の対立がありました。典型的なものとしては，ウソの広告を見て通信販売で購入したなどがあります。

この点について，適格消費者団体がチラシに不実表示があるとして，消費者契約法に基づいて差止めを求めたクロレラチラシの差止事件に関する最高裁判

決(最判平成29年1月24日)があります。

　この判決では次のように判断しました。

　「事業者等による働きかけが不特定多数の消費者に向けられたものであったとしても」「そのことから直ちにその働きかけが……『勧誘』に当たらないということはできない」。つまり,消費者がその契約をするかどうかの判断を左右するものであれば広告も取消対象となる可能性がありうるわけです。

断定的判断の提供による取消し

消費者契約法では,契約の締結について勧誘をするに際し事業者が消費者に対して断定的判断の提供をした場合には,それによって締結した契約を取り消すことができると定めています。
この章では,どのような場合に断定的判断の提供に該当するか,具体例を挙げて紹介しています。

1 「断定的判断の提供」とは

> Q 断定的判断の提供により契約した場合には取消しできるということですが,どういう場合に取消しできるのですか。

A

◆消費者契約法の定め

　消費者契約法では,「断定的判断の提供」として,商品やサービスに関する将来の見込みについての不実告知に該当するものも取消しの対象と定めています。そのためには,次の4つの条件をすべて満たしている必要があります(4条1項2号)。

① 事業者が消費者契約の締結について勧誘をするに際し,
② 事業者が④に掲げる行為をしたことにより消費者が提供された断定的判断の内容が確実であるとの誤認をし,
③ それによって消費者契約をした場合。
④ 事業者が勧誘時に,物品,権利,役務その他の当該消費者契約の目的となるものに関し,将来における変動が不確実な事項につき断定的判断を提供すること。

◆具体例

　消費者契約法では,「断定的判断の提供」の具体例として次の2つを例示しています。この取消事由の特殊な点は,「この取引ではそもそも将来の見込みは不確実である」ことは説明しつつも,「今,契約すれば」「うちと契約すれば」確実であるかのようなミスリードをする,という点にあります。

【例1】　将来におけるその価額

　事業者が商品などの販売について勧誘をしている際に,商品が将来値上がり確実であるとの説明をして,消費者に信用させて契約させた場合です。土地やマンションを投資用に販売する場合,株,宝石,絵画などの販売の際に「将来

確実に値上がりする」と説明をして契約を勧誘する場合などが典型的なものです。

【例2】 将来において当該消費者が受け取るべき金額

　資産運用取引などで，その事業者に資産の運用を任せた場合に消費者が将来受け取ることになる金銭について「確実である」との説明をして，消費者にその旨を誤認させて契約させた場合です。

◆悪意や故意は不必要

　「断定的判断の提供」の場合には，事業者が「説明は事実ではない」ことを知った上で，事実と違う説明をしていることを「自覚しながら」消費者に説明したことは，必要とはされていません。事業者が消費者をだまして契約させようとした場合である必要もありません。

◆説明内容と客観的な事実の違いが問題

　説明内容が消費者に「絶対確実」と信用させるものであること，客観的には将来の見込みが不確実，の2点が適用されるかどうかの判断のポイントです。

　事業者から「担当のセールスマン本人は，この株は将来確実に値上がりすると信じており正直に自分の見通しで勧誘しただけ。悪意はない」などと反論する場合があります。しかし，これは，消費者契約法の「断定的判断の提供に当たらない」という主張の根拠にはなりません。事業者がどういうつもりだったにしろ，説明内容について上記のポイントを満たしていれば，「断定的判断の提供」に該当し取消しできます。

　消費者契約法の取消制度は，事業者にだまそうとする不正義があったことを問題とするものではありません。事業者と消費者との情報格差を前提に，事業者からの説明が事実と異なると消費者の選択がそこなわれることを問題としているためです。

2　値上がり確実と勧められた不動産売買

> Q　事業者からマンションの購入を勧められました。今は景気が悪く価格は底値なので将来確実に値上がりする，預貯金よりも良い，と言われて契約しました。しかし，すぐに値下がりしてしまいました。取消しできますか。

A

◆不動産の価格の変動は不確実

　土地・建物・マンションなどの価格は様々な要因によって変動するものであり，不確実です。バブル期のように急激に値上がりする場合もありますが，バブルの崩壊時期に起こったように，突然大暴落する場合もあります。

　このような景気の変動に左右されるほかに，土地の開発，交通機関の開発，国や国際的な金融政策など，不動産の価額は様々な要因によって変動します。

◆将来の価格

　不動産の売買契約で，不動産の価値が契約した後どう変化するかということは，消費者契約法上の「将来のその価額」に当たります。「今購入すれば，将来値上がり確実である」という勧誘時の説明は，本来は不確実である「将来のその価額」についての断定的判断の提供に該当することになります。

　したがって，売買契約は取り消すことができます。

◆不動産以外の商品などでも

　売買契約で，商品の価額（金銭的価値）について「将来確実にこうなる」と説明した場合には，「断定的判断の提供」に該当することが多いと考えられます。

　ただし，取消しできるかどうかを判断するためには，「絶対」という言葉をつかったら該当するという単純なことではなく，消費者が納得するような説明をしていることが重要なので，勧誘時の説明内容・説明資料・説明方法を具体的に明確にすることが重要です。

3　利益が確実と勧誘された商品先物取引

Q 商品先物取引の勧誘をされました。商品先物取引は危険性が高いと思っていたので断ったのですが，「今がチャンス。絶対儲かる」といろいろなデータを示され強く勧誘されました。いろいろな指標や経済分析などを示したもっともらしい説明だったので信用して契約しましたが，結局大きな損失を被りました。取消しできますか。

A　...

◆商品先物取引の不確実性

　商品先物取引は，取引全体の価格に比べて少ない証拠金で取引できる上に，将来の相場の変動によって損失や利益が変動するために将来の損失や利益は不確実であり，支払った証拠金以上の損失を被るおそれがあるきわめて危険性が高い取引です。

◆将来消費者が受け取るべき金額の説明

　したがって，勧誘の際に「確実に儲かる」，具体的には支払った証拠金を上回る利益があがることを告げ，消費者が事業者のその説明を信じて契約した場合には，「将来消費者が受け取るべき金額」についての断定的判断の提供に該当すると考えられます。

◆外国為替証拠金取引（FX）の裁判例

　外国為替証拠金取引（FX）も，将来の為替相場の変動により利益や損失が変動するものなので，「将来の変動が不確実」な取引に当たります。また，全体の取引価格の一部の証拠金で取引できるものであるため，消費者にとっての危険性の高さは商品先物取引とよく似ています。

　外国為替証拠金取引の勧誘時の説明が問題とされたケースで，「断定的判断の提供」があったと認定して，契約の取消しを認めた裁判例があります。

4　パチンコ必勝法で勝てなかったとき

Q 雑誌で見た「パチンコ必勝法」について電話で問い合わせしたところ、「誰にでも簡単にできる手順」「100％勝てる方法を教える」「料金は数日で回収できる」などと説明されたので契約しました。教えてもらった手順どおりにはできず全然勝てませんでした。取り消して料金を取り戻せますか。

A

◆断定的判断の提供の要件

　断定的判断の提供に該当するためには、事業者が勧誘時に、「物品、権利、役務その他の当該消費者契約の目的となるものに関し、将来におけるその価額、将来において当該消費者が受け取るべき金額その他の将来における変動が不確実な事項につき断定的判断を提供」し、その断定的判断の提供を消費者が信用して契約した場合であることが必要です（4条1項2号）。

◆パチンコの勝ち負けは不確実

　パチンコで、どれだけの出玉を獲得することができるかは、様々な複合的な要因に左右される偶然性の高いものです。パチンコで100％勝つ、ということがありえないことは通常の常識として広く知られています。したがって、事業者が提供するパチンコ必勝法の情報が、提供された手順どおり打てば100％勝つ内容のものであるなどということはありえないと考えられます。つまり、事業者が提供する情報に関しては、「将来における変動が不確実な事項」に該当すると言えます。

◆100％勝つという判断の提供

　ところが、事業者は、雑誌の広告を見て問い合わせてきた消費者に対して「提供した情報どおりの手順で操作すれば100％勝つ」との説明を繰り返して行い、半信半疑の消費者に対して、「誰でもできる簡単な操作だから大丈夫だ」「数日

で料金は回収できる」などと説明し、その旨を消費者に誤信させて契約させたという事情があります。つまり、「将来、消費者が得られるべき金額」について断定的判断の提供をしているのです。

断定的判断の提供をめぐっては、「パチンコ攻略情報」「パチスロ攻略情報」などの名称のもので訴訟になっており、複数の裁判例があります。いずれの事件でも、裁判所は断定的判断の提供に該当すると判断し、契約の取消しを認めて消費者に料金を全額返還するよう、事業者に命じています。

◆ギャンブルと公序良俗

事業者から、射幸心からギャンブルの利益を求めて行動した消費者を保護する必要はないと反論される場合があります。

しかし、この種の契約では、事業者による広告や勧誘が行われ、それによって消費者の契約行動が選択されているという実情があります。消費者の射幸心に付け込んで不当な広告や勧誘を行った事業者の責任をあいまいにすべきではありません。事業者による、消費者に対する事実に反した情報の提供や説明に対して、事業者側に責任を負担させることが公平にかなうものであり、消費者契約法の目的にも則していると考えられます。

裁判例も、消費者の行動について「……基本的には、事業者の広告や勧誘の結果と評価すべきものである」と指摘し、消費者契約法の適用を肯定しています。

◆パチプロの場合

消費者契約法は、消費者と事業者との契約を対象としたものです。個人であっても、「事業として、または事業のために」契約した場合には、事業者に当たることになり、消費者には該当しません。

パチンコ収入を主たる生計の手段としている、いわゆる「パチプロ」はどうでしょうか。他に生計の手段を持たず、もっぱらパチンコ収入で生活している個人がパチンコ攻略情報の契約をしたという例外的な場合には、「事業のための契約」と評価され、消費者契約法の適用はありません。

第6章

不利益事実の不告知による取消し

消費者契約法では，契約の締結に際し，事業者が消費者にとって利益になることを説明しながら，不利益な事実については知っていて説明しなかった場合（不利益事実の不告知）に，消費者がこれを信用して契約を締結した場合には，取り消すことができると定めています。
この章では，［不利益事実の不告知］に該当するのは，どのような場合なのか事例を挙げて紹介しています。

1　不利益事実の不告知により取消しできる場合

Q 事業者は契約の勧誘の際に消費者に対してきちんと説明すべきだと思いますが，もし，事業者が重要な事項について説明しなかった場合には，契約の取消しはできるのですか。

A

◆事業者が説明しなかった場合の問題

　消費者契約法では，事業者に対して，「消費者契約の締結について勧誘をするに際しては，消費者の理解を深めるために，……消費者の権利義務その他の消費者契約の内容についての必要な情報を提供する」よう努めなければならないと定めています（3条1項2号）。事業者と消費者との間には情報の質や量に格差があるために消費者被害が起こることから，このように定められたものです。

　そして，事業者が，消費者に対して必要な説明をしなかった場合には，一定の場合に限ってではありますが，契約の取消しができる制度を設けました。

◆説明されなかったために取消しできる場合

　消費者契約法では，事業者が，消費者に対する説明をしなかった場合に取消しできる場合をかなり制限し，狭い範囲にとどめています。

　取消しできるのは，下記のすべての条件がそろっている場合に限られます。

① 事業者が消費者契約の締結について勧誘をするに際し，
② 消費者に対してある重要事項または重要事項に関連する事項についてその消費者の利益となる旨を告げ，
③ かつ，その重要事項について当該消費者の不利益となる事実（当該告知により当該事実が存在しないと消費者が通常考えるべきものに限る）を故意又は重大な過失により告げなかったこと
④ それにより，告げられなかった事実が存在しないと消費者が誤認をし，
⑤ それによって契約したこと

⑥　ただし，事業者が消費者に対しその不利益事実を告げようとしたにもかかわらず，消費者がこれを拒んだときは，取消しできない。

◆先行要件の必要

　取消しできるためには，単に重要事項について説明しなかっただけでは足りません。「重要事項に関連して消費者にとって利益となることを告げていること」という先行要件が必要とされています。

◆「故意に」告げないの意味

　さらに，故意または重大な過失により不利益事実を告げなかったことが必要です。2018年改正で，「故意」のほか「重大な過失」による場合も取消しできることとなりました（4条2項）。

　重要事項の不実告知の場合には，事業者の「故意又は重大な過失によ」ることは必要ではありません。客観的に説明と事実が違っていれば，取消しの対象になります。

　それなのに，不利益の不告知の場合にはなぜ故意や重大な過失が必要とされたのか，故意とはどういう意味なのかが，消費者契約法の解釈をめぐり議論となっていました。

　立法時の議論では「知らないことを告げなかったからといって責任を負わせるわけにはいかない」という指摘がありました。事業者にはプロとして説明義務がある，それを前提とした場合，情報が正確ではないために消費者の選択ミスが起こったときの責任分担をどう考えるかと発想すれば，「知らないことを説明しなかったからといって責任を負担させるべきではない」とはいえないと思われます。「知らなくて説明しなかったときには責任はない」といった考え方の前提には，民法の対等当事者間の公平を前提とする考え方が大きく影響しているように思われます。そこで，2018年改正では，重大な過失により不利益事実を告げなかった場合にも取消しできるものとしました。

◆活用しにくく現場からの不満が強い

　これらのすべての条件を満たしているケースは、かなり特異的なケースです。消費者契約法に関する裁判例の中でも、判決が少なく、また、消費生活センターの相談現場でも、「きわめて利用しにくい、使い勝手のよくない制度である」という評価となっています。

　消費者相談の現場で活用しにくいということは、制度の設計上に問題があるというべきだと思われます。2018年改正後も、検討すべき課題が残されているわけです。

　ちなみに特定商取引法は、2004年改正で、従来は刑事罰と行政処分の対象としていた「不当勧誘行為」のうちの「重要事項の不実告知」と「重要事項の不告知」とに、取消制度を導入しました。訪問販売・電話勧誘販売・連鎖販売取引・特定継続的役務提供・業務提供誘引販売取引の5種類の取引については、勧誘の際に「重要事項の不告知」があった場合にも契約の取消しができることとなったわけです。消費者契約法で、すべての消費者契約も同様の取消制度に改めるべきではないかと思われます。

2 マンション購入にあたり前の空き地にビル建設予定があることを説明されなかった場合

Q 新築マンションの勧誘で,「日当たり・眺望・通風など最高」と説明され,気に入って契約しました。ところが,契約して数ヵ月後から正面の空き地にビル建設が始まり,購入部分は日陰になってしまいました。納得できません。

A

◆不利益事実が説明されなかった場合

　消費者契約法では,消費者にとっての不利益が説明されなかったとき,下記の条件をすべて満たしている場合には,その契約を取り消すことができると定めています。

① 業者が消費者契約の締結について勧誘をするに際し,
② 消費者に対してある重要事項又は重要事項に関連する事項についてその消費者の利益となる旨を告げ,
③ かつ,その重要事項について当該消費者の不利益となる事実（当該告知により当該事実が存在しないと消費者が通常考えるべきものに限る）を故意又は重大な過失により告げなかったこと。
④ それにより,告げられなかった事実が存在しないと消費者が誤認をし,
⑤ それによって契約したこと。

◆日当たり・眺望・通風は「消費者の利益」

　質問のケースでは,「日当たり・眺望・通風」など,契約の対象であるマンションの品質に関して,消費者にとって利益となることについて説明しています。ところが,「数ヵ月後には正面にビルが建つこと」を説明しませんでした。ビルが建てば眺望も日当たりも悪くなるので,この情報は,消費者にとっては売買契約の対象であるマンションの品質に関する不利益事実に該当します。

◆「故意又は重大な過失」による不告知か

　ただし，不利益の説明がないから取消しできるとは限りません。

　消費者契約法では「故意又は重大な過失による」不告知であることが必要です。つまり，勧誘するときに事業者が「不利益」に当たる事実を知っていたのに告げなかった場合あるいは重大な過失により告げなかった場合でなければ，契約を取り消すことはできないという定めになっています。

　そこで，契約の勧誘の際に事業者がビル建設予定を知っていたかどうかなぜ告げなかったのかが問題となります。知っていたのであれば，「知りながら説明しなかった」わけですから，取消しができると考えられます。事業者が重大な過失により知らず，そのために告げなかった場合でも，2018年改正法によれば，取消しが可能になったと考えられます。

3 俳優養成講座で受講料増額の説明がなかったとき

Q 俳優養成講座の契約をしました。勧誘の際に、2つのコースがあり、教育期間が長いコースの方がしっかり技術が身につくのでメリットが大きいと勧められたので、そのコースの契約をしました。契約して3ヵ月後に、このコースでは、3ヵ月以降は月謝が高くなることを知りました。勧誘時には通常の月謝の説明しかなかったので、納得できません。

A

◆月謝の値上がりの説明がない

受講契約で月謝の説明の際に、通常の月謝の説明だけがされ、特殊なコースの場合には最初の3ヵ月は通常の月謝だが、その後は月謝が高く設定されているという説明がなかったというケースです。

◆講座の内容のメリットの説明

勧誘の段階で、このコースは「しっかり技術が身につくのでメリットが大きい」旨の説明をされています。これは、契約によって事業者から提供される「教育サービスの内容」に関する消費者にとって利益となる旨の説明に当たります。

◆料金の値上がりは「不利益事実」

一方、講座料金がコースの途中から高くなるということは、消費者にとっての不利益に当たります。また、料金は契約の重要事項に当たります。

料金は事業者が決めて契約内容として用意します。事業者は当然知っているわけです。したがって、途中で料金が高くなることを説明しなかったことは「故意に不利益を告げなかった」ことに当たります。

したがって、質問のケースでは、不利益事実の不告知を理由に取消しできます。類似のケースで取消しを認めた裁判例があります。

4 不利益事実の説明を必要ないと言った場合

Q 外貨預金は国内預金よりも金利が高くてメリットがあると勧誘されました。そのときに,「さらに詳しく説明したほうがよろしいですか」と質問されました。それまで利用したこともなく,知識もなかったので,「始めるにあたって,わたしが知っておく必要があることや特別なことがあるわけでなければ,特に説明はいりませんが」と回答しました。担当者は,それ以上の説明はしないで,契約書類に署名捺印を求めました。元本保証で確定利率の預貯金なので,安心していたところ,数ヵ月後に,元本がどんどん目減りしていることに気づきました。驚いて,会社に問合わせたところ,「為替リスクがあるのは当然」といわれました。そういう危険性があるのなら説明してもらわなければ困る,元に戻してほしいと抗議したところ,「あなた自身が,危険性についての説明を聞くことを拒否したのだから,会社側には責任はない」と冷ややかな対応でした。たしかに,「特別なことがなければ,いちいち説明はいらない」とは言いましたが,危険性があるなら説明してもらいたかったのに,私のほうで説明を聞くことを拒否したという言い分は納得できません。

A

◆消費者契約法の定め

消費者契約法では,不利益事実についての不告知の規定について,「ただし,当該事業者が当該消費者に対し当該事実(つまり,消費者にとって不利益となる事実のこと)を告げようとしたにもかかわらず,当該消費者がこれを拒んだときは,この限りでない」つまり,事業者が消費者にとって不利益となる事実について,知っていたのに説明しなかったとしても,消費者はこれを理由に取り消すことはできない,と定めています(4条2項)。

◆制度趣旨

このケースで,事業者が「あなたが説明を聞くことを拒否したのだから,取

消事由にはならない」と言っているのは、この規定を指しているものと考えられます。

　しかし、この規定は、消費者が、「その不利益事実」について承知の上で具体的にその点については説明しなくてもよいということを明確に態度に示していることが必要であると考えられます。

　この規定の趣旨は、消費者が「そういう不利益事実については自分は十分承知しているので、わざわざ説明されるまでもない」と言って説明をしてもらうことを拒否した場合にまで、説明しなかった事業者に責任を負担させるのは行き過ぎであるとする考え方に基づくものだからです。

◆ケースへのあてはめ

　ところが、このケースでは、「それ以外にも説明してほしいですか」と漫然と質問しているにすぎません。消費者も、内容がわからないから「特別なことがなければ説明していただかなくても結構です」と言っているわけです。常識的に考えれば、預貯金ではあっても、為替リスクにより元本が減るなどのリスクがある、ということは、消費者からみたらまさに「説明してほしい特別なことがら」というべきものです。したがって、このケースの場合には、不利益事実について故意に説明しなかったものとして契約を取り消すことができるものと考えられます。

◆一筆をとられたとき

　同様に、契約の際に署名捺印を求められた書類の中に「不利益事実についての説明は必要ありません」というものがまじっていて、契約に必要な書類との説明を信用して意味もわからないで署名捺印してしまったなどという場合にも、消費者の真意からみて、「不利益事実についての説明を拒んだ場合」には当たらないものと解釈すべきでしょう。

　なお、金融商品については、元本欠損のおそれがあるのに事業者が説明しなかった場合には、金融商品販売法により、元本欠損部分について、事業者は損害賠償責任を負う旨を定めています。

第7章

困惑による取消し

消費者契約法では，事業者が契約の勧誘をする際に，居座ったり，消費者を引き止めて契約させた場合などには，［困惑］に該当するとして取り消すことができるものと定めています。
この章では，どんな場合に［困惑］に該当するとして取り消すことができるのか，具体例を挙げて紹介しています。

1　困惑を理由に取消しできる場合

Q 事業者から契約の勧誘をされたときに，強引さに押されて契約してしまう場合があります。欲しくて契約したわけではないのに「契約だから守る義務がある」と言われるのは納得できません。

A

◆交渉力格差による契約の押し付け

　民法の基本的な考え方は「契約は締結するまでは自由」，だからこそ「締結した契約は守る義務がある」というものです。この考え方の前提となっているのは，「契約当事者は対等平等」ということです。

　契約当事者双方の交渉力が対等でない場合には，交渉力があるものが相手の交渉力の不足に付け込んで契約を押し付けることが起こります。

　消費者契約では，プロの事業者は消費者よりはるかに交渉力があります。そのため，事業者が強引な勧誘をして，消費者に契約を押し付けることも起こりえます。そういうときにも，事業者が消費者に「自分で契約をしたのだから守る義務がある」と主張するのは公平とはいえません。消費者契約では，この種のトラブルが大変多いのが実状です。

　そこで，消費者契約法では事業者が交渉力格差に付け込んで契約を押し付けた場合の救済ルールを定めています。

◆困惑させて契約させた場合

　消費者契約法では，下記の条件がそろっている場合には消費者は契約を取り消すことができるとしています。

　①　事業者が消費者契約の締結について勧誘をするに際し，④に掲げる行為をしたこと。
　②　事業者の行った行為によって消費者が困惑し，
　③　困惑した結果，消費者が契約した場合であること。

④ 2000年の立法時から具体的に対象とされている事業者の行為は次の2種類です。さらに，2018年改正で6種類の取消事由が追加されました。この点については，**本章Q5～Q10**でとり上げています。
　㋐　消費者が，事業者が勧誘を行っている消費者の住居または職場から退去するよう事業者に告げたのに退去せず，消費者を困惑させた（不退去）。
　㋑　消費者が，事業者が契約の勧誘をしている場所から退去すると告げているのに退去させないで，消費者を困惑させた（退去妨害）。

◆「不退去」とは

　「不退去」は，契約の勧誘が消費者の自宅や職場で行われているときを対象としています。消費者が事業者に帰るように告げているのに居座って勧誘を続けた場合です。訪問販売では，断っているのに長時間居座られて疲れ果てて契約させられた，帰ってもらうために仕方なく契約したなどのトラブルが多く見られます。このようなケースは「不退去」を理由に，契約を取消しできます。

◆「退去妨害」とは

　「退去妨害」は，契約の勧誘が，事業者の店舗や事務所，喫茶店・ファミレス・展示会場・路上など，消費者の自宅や職場ではない場所で行われるタイプを対象としています。消費者が「帰る」といっているのに帰らせないで勧誘を続けて困らせた場合です。

　「不退去」か「退去妨害」かは，勧誘の場所が消費者の自宅や職場なのか，それ以外の場所なのか，による区別です。

◆ポイントは「断る」こと

　困惑による取消しが認められるためには，消費者から「帰ってほしい」とか「帰る」という意思を事業者に伝えることが重要です。
　日本人には，自分の考えをはっきりと相手に伝えることをためらう風潮があります。「相手に失礼」とか「カドのたつことはすべきではない」と配慮してし

まいがちです。しかし，契約＝取引に関する場面では，奥ゆかしい態度はむしろマイナスです。合理的かつ明確に態度に示すことが，法律制度の前提となっています。事業者に対して，はっきりと「契約しない」「帰ってください」あるいは「帰りたい」と伝えることが重要だということです。

2　強引な自宅訪問販売 ── 不退去

Q　呉服のセールスマンが訪問してきました。見るだけでいいからと言うのであがってもらったら、帰ろうとせず、帰ってもらうために仕方なく契約するハメになりました。納得できません。

A

◆消費者宅に居座るケース

　自宅訪問販売では、消費者の自宅にあがりこんだセールスマンが強引で契約するまで帰ろうとしないために、困って契約せざるを得なくなる被害が多発しています。セールスマンは、消費者の自宅にあがりこむために、様々な口実や方法を用いることがあります。

　このケースでは、「見ていただくだけでかまわない」と言って、家の中にあげてもらっています。セールスだとはっきり名乗ると、買う気のない消費者は家の中へは入れてくれません。そこでこのように言うわけです。しかし、これはセールスのために自宅にあがりこむ口実として言っているだけの話で、家にあげてしまえば契約するまで帰ろうとしない危険性があります。

◆帰ろうとしないとき

　消費者契約法では、事業者が契約の締結について勧誘をするに際し、「消費者が、その住居から退去すべき旨の意思を示したにもかかわらず、それらの場所から退去しないこと」、そしてその結果消費者が困惑して契約した場合には、その契約を取り消すことができる、と定めています。消費者がセールスマンに退去するよう求めているのに、居座りつづけたために消費者が困惑して契約させられてしまったという場合には、契約を取り消すことができるわけです。事業者に威されるとか、こわくなって契約する必要はありません。

　「不退去」による取消しは、勧誘場所が消費者の自宅の外、勤務先などでも適用されます。

◆きちんと断ることがポイント

　重要なことは，契約したくないときにははっきりと断ることです。セールスマンがしつこいときには，繰り返ししっかりと断ります。あいまいな態度や言い訳をすると取消しが認められにくくなります。

　裁判例でも，はっきりと「契約しないこと」「帰ってほしいこと」を繰り返し要求しているケースでは取消しが認められています。

3　アポイントメントセールス ── 退去妨害

Q　電話で「あなたは特別に選ばれたので説明だけでも聞きにきてほしい。うちは，高級レジャークラブです」と言って呼び出されました。約束した当日，指定された相手の会社の事務所まで出向いたのですが，結局，何かのセールスで契約するまで帰らせてもらえませんでした。帰宅したのは真夜中で，とても納得できるものではありません。

A

◆典型的なアポイントメントセールス

　電話などで，セールスの目的を隠して呼び出す手法を「アポイントメントセールス」と言います。

　この商法の問題点は，目的を隠して呼び出している点と，長時間勧誘にあると言えます。

◆退去妨害に該当するとき

　消費者契約法では，契約の締結について勧誘をするに際し，「……消費者契約の締結について勧誘をしている場所から当該消費者が退去する旨の意思を表示したにもかかわらず，その場所から当該消費者を退去させないこと」という事情があり，そのため困惑した消費者が契約したときには，その契約は取り消すことができると定めています。ポイントは「契約はしない」「帰りたい」と要求しているのに帰らせてくれなかったという事実があるかどうかです。

　長時間にわたる勧誘行為が行われていたようにみえても，大部分が雑談のようなものに費やされており，そのために会話に引き込まれてしまって帰りたいということを態度に示したりしていない，という場合には，「帰りたいと言っているのに帰らせなかった」という「退去妨害型」の取消事由には該当しない可能性があります。

　本来，販売目的で呼び出しているのに，これを隠し，長時間にわたって引き止めて相手が疲れるのを待って，相手の疲れやあせりに付け込んで契約させ

しまうという販売方法は，商売の方法としては反倫理的で，きわめて問題であることはいうまでもありません。しかし，消費者契約法では「帰りたいと言っているのに帰らせなかった」という場合に限って取消しできるものとして，きわめて限定的に取消しできる場合を定めています。

　アポイントメントセールスだけでなく，事業者の事務所や店舗のほか消費者の住宅や職場以外の場所での取引であれば適用されます。

◆長時間勧誘との違い

　「退去妨害」では，「帰りたい」と言っているのに帰らせないで困らせて契約を選択する自由を奪うことを問題にしています。単に長時間の勧誘だったというだけで取消しを認めているのではありません。取消しができるかどうかを判断する上では，その間にどのようなやりとりがあったのか。「契約をしないこと」「帰りたいこと」を相手に伝えたか，その結果必要ない契約をせざるを得なかったのかどうか，といったことをチェックすることが重要です。

4 しつこい電話勧誘 ── 困惑に該当しない

> Q 職場にいろいろな勧誘電話がかかってきて大変困っています。先日も，執拗な勧誘電話がありました。断っても断ってもかけてくるため仕事に差し支えると上司から注意されました。事業者に「迷惑だからやめて」と言ったらよけいしつこく電話され，やめてもらうために「資格取得のための通信講座」の契約をするハメになりました。

A ....

◆テレホンテロ被害は深刻

勧誘電話による被害は深刻です。自宅への電話は，ナンバーディスプレイにして知らない電話番号からの電話には出ないとか，留守電にしておく，などの自衛をする人もいます。しかし，職場にかかる電話はそうした自衛手段がとれないため，被害はより深刻です。

また，投資用マンションの執拗な勧誘電話も社会問題となっています。

◆特定商取引法の規制

特定商取引法では，電話で勧誘をして契約まで取り付けてしまう取引を「電話勧誘販売」として規制をしています。消費者から断られた場合の再勧誘を禁止し，違反には行政処分の制度があります。違反する事業者が後をたたず，業務停止処分を受けたケースもあります。

電話勧誘販売には，8日間のクーリング・オフ制度があります。しかし，質問のようなケースでクーリング・オフ期間が過ぎてしまうと，消費者契約法によって取消しできるかが問題になります。

マンション販売は特定商取引法の規制対象にはなっていないので，消費者契約法による救済の必要性が高くなっています。

◆困惑による取消しができるか

電話の後で訪問してきたり，電話で呼び出されて勧誘された場合には，勧誘

された場所によって、「不退去」か「退去妨害」を理由に取消しができる可能性があります。

問題は、電話で勧誘し契約まで取り付けてしまう「電話勧誘販売」です。

消費者契約法では「消費者が事業者に、その場所から退去するよう要求しているのに居座って勧誘を続けて困惑させた場合」と「消費者がその場所から帰るといっているのに帰らせないで勧誘して困惑させた場合」の2種類を取消しの対象としています。

電話勧誘では、事業者と消費者とは、直接対面しているわけではないので、「不退去」も「退去妨害」も起こりません。

◆電話勧誘の問題点

しかし、電話は大変攻撃的なもので、質問のように消費者が迷惑に思っていればいるほど、執拗に繰り返しかけてくる場合があります。勧誘方法が「強迫」のレベルまでいけば民法により取消しができる場合もありますが、「強迫」による取消しが認められるためには、「事業者側に強迫して契約をさせようとの意図があること」「違法な強迫行為があったこと」などを消費者が証明することが必要とされます。

執拗な電話勧誘によって契約させられた場合には、民法上の強迫の証明ができなくても、「交渉力格差に付け込んで契約を押し付けた」ものとして契約の取消しを認めることができるように改正すべきだという指摘があります。

この点で、消費者契約法は不十分だといえるでしょう。

5 社会的経験不足に付け込む願望実現型取消事由とは

Q 社会的経験の不足に付け込んで不安を解消したり，願望の実現などを持ち出して勧誘して困惑させるタイプの取消事由が追加されたということですが，法律上の要件や具体例を教えてください。

A

◆法律上の要件

次のすべての要件を満たす場合に，取り消すことができます（4条3項3号）。

① 事業者が消費者に対し，契約の締結について勧誘する際に，②〜⑥に当たる行為をして消費者を困惑させたこと
② 当該消費者が，社会生活上の経験が乏しいこと
③ 次に掲げる事項に対する願望の実現に過大な不安を抱いていること
　イ　進学，就職，結婚，生計その他の社会生活上の重要な事項
　ロ　容姿，体型その他の身体の特徴または状況に関する重要な事項
④ 相手の事業者が上記の事実を知りながら，
⑤ 消費者が抱いているその不安をあおり，
⑥ 裏付けとなる合理的な根拠がある場合その他の正当な理由がある場合でないのに，物品，権利，役務その他の当該消費者契約の目的となるものが当該願望を実現するために必要である旨を告げること
⑦ 消費者が困惑した結果，契約したこと

◆ポイント

　事業者が，消費者の社会的経験の不足を不当に利用して，消費者が求めている願望に関する不安をあおって困惑させて契約をさせるタイプの「付け込み型」の勧誘を取消事由として定めたものです。

　願望の内容が，過去に消費者被害で多く見られた「進学，就職，結婚，生計その他の社会生活上の重要な事項」と「容姿，体型その他の身体の特徴又は状

況に関する重要な事項」と定められている点が特徴です。

◆**社会生活上の経験が乏しいことの意味**

　この規定は，当初は，2018年に成年年齢が20歳から18歳に引き下げられる民法改正がされたことから，18歳，19歳の若者が未成年者として保護されなくなるため，若い成年の消費者保護の制度が必要であるとする検討の中で，改正法に盛り込まれることとなった経過がありました。

　しかし，技術革新が速く，経済環境なども大きく変化し続けている現代社会では，若者でなくても，これまでの社会生活では経験していない事態はしばしばおこります。また，高齢社会を迎えていますが，高齢者としての生活はなってみないとわからないことが多く，はじめての経験であり，社会生活上の経験が不足していることはたくさんあります。

　そこで，ここでいう「社会生活上経験が乏しい」とは，若者に限らず，すべての年代の消費者にとって「そのことに関する社会生活上の経験」を意味する，と解すべきであると考えられます。国会における付帯決議でも同趣旨の指摘がされています。

◆**具体的な事例**

　若者の経験不足に付け込むものとしては進学予備校，就活セミナーなどがあります。就職活動がうまくいかず，大きな不安を抱いている若者に対して，「このままでは就職できない。自分一人で頑張っても無理だ。大学はあてにならない」などと言って不安をさらにあおり，「でも，この就活セミナーを受講すれば，希望する会社に就職できる」などと述べて契約させるものなどが該当します。

　容姿・容貌・身体的特徴などについての不安をあおるものには，若者から高齢者まで多様な被害があります。「このままでは老化がすすんで，取り返しがつかなくなる」などと告げて不安をあおり，「でも，この健康商品を食べれば」「この化粧品を使えば」「このエステをうければ」「この美容医療の契約をすれば」，消費者が望むように美しくなれる，あるいは老化が防げるなどと言って契約の締結を勧誘するなどです。

6　いわゆるデート商法とは

Q 2018年改正により，いわゆるデート商法による契約は取り消すことができることとなったということですが，法律上の要件と，具体例を教えてください。

A

◆法律上の要件

　下記の要件をすべて満たす取引であれば，取り消すことが可能となりました（4条3項4号）。

① 事業者が消費者に対して，契約の締結について勧誘するに際し，下記の②～⑥に該当する行為をして，消費者を困惑させたこと
② 当該消費者が，社会生活上の経験が乏しいことから，
③ 当該消費者契約の締結について勧誘を行う者に対して恋愛感情その他の好意の感情を抱き，
④ かつ，当該勧誘を行う者も当該消費者に対して同様の感情を抱いているものと誤信していることを知りながら，
⑤ これに乗じ，
⑥ 当該消費者契約を締結しなければ当該勧誘を行う者との関係が破綻することになる旨を告げること
⑦ 消費者が困惑した結果，契約したこと

　消費者が事業者の販売員に対して恋愛感情を抱き，販売員も自分に対して恋愛感情を持っていると誤信していることに付け込んで契約の締結の勧誘をする，いわゆるデート商法が該当します。恋愛感情のみに限るわけではなく，その他の好意の感情も対象になります。たとえば，一人暮らしの高齢者のところに訪問してきたセールスマンが私生活上のことについてこまごまと助けてくれる，一緒にお茶を飲みながら話を聞いてくれるなどの親切な行為から，相互に個人的な好意を持っていると誤認させるような場合も対象になります。

◆社会生活上の経験不足の意味

　若者が社会生活上の経験がないために，自分だけではなくて相手も自分に恋愛感情を持っていると勘違いして，それに付け込んだ販売員が契約の締結について勧誘をする場合が対象になることは言うまでもありません。一人暮らしの若者が，同性で親切にしてくれる販売員に，兄や姉に対するような好意を持ち，相手も好意を持ってくれていると誤認し，販売員がこれに付け込んで契約の締結について勧誘をして契約させる場合も該当します。

　社会生活上の経験の不足とは，若者だけに限りません。たとえば，高齢者が，配偶者が亡くなり一人暮らしになったことから，寂しくて販売員の親切な態度に対して好意を抱き，相手も個人的な好意をもっていると誤認しているのに，販売員が付け込んで契約の勧誘をする，などの場合も含まれます。

◆具体例

　いわゆるデート商法では，販売員が，個人的な好意を持っているように装ってデートに誘い，消費者が恋愛感情などを抱くように仕向け，そのうえで恋愛感情に乗じて契約の締結について勧誘して契約をさせるというものが典型的です。このような事例で，取消しができると考えられます。

　一人暮らしの高齢者に対して，買い物をしてあげたり，一緒にお茶を飲んだり，食事をしたり高齢者の話を聞くなどして親切にし，高齢者から個人的な信頼と好意を得たうえで，高齢者が販売員も自分に対して個人的な好意を持っていると誤認していることに付け込んで契約させる場合も対象になります。

◆契約を締結しないと関係が破綻することを告げるとは

　現実の消費者被害では，消費者が好意を持っている販売員から，明確に口頭で「この契約を締結しないと私とあなたのこれまでの人間関係は破綻して，いままでどおりにはいかない」などと告げられて困って契約する，という事例はあまり多くないのではないでしょうか。

　販売員は，はっきりと口に出しては言わないけれど，全体の態度から見るとそういうことになるだろうと消費者が考えるような場合には，言葉ではなくて

も態度で示しているか,あるいは暗黙のうちに「契約しなければ関係が破綻する」と告げていると考えられます。このような場合にも,当然に取消しできるものと考えらます。

7　高齢者などの判断力の低下による不安に付け込むタイプ

Q 2018年改正により，高齢者などの判断力低下による不安に付け込んで契約を締結させられた場合には取消しができるようになったということですが，その要件と具体例を教えてください。

A

◆法律上の要件

次の要件をすべて満たす取引は取り消すことができます（4条3項5号）。

① 事業者が消費者に対し，契約の締結について勧誘する際に，下記の②～⑥の行為をして，消費者を困惑させること
② 当該消費者が，加齢または心身の故障によりその判断力が著しく低下していることから，
③ 生計，健康その他の事項に関しその現在の生活の維持に過大な不安を抱いていることを知りながら，
④ その不安をあおり，
⑤ 裏付けとなる合理的な根拠がある場合その他の正当な理由がある場合でないのに，
⑥ 当該消費者契約を締結しなければその現在の生活の維持が困難となる旨を告げること
⑦ 消費者が困惑した結果，契約をしたこと

◆具体例

認知症で判断力が著しく低下している高齢者が健康不安を抱いていることに付け込んで，「このままでは健康を害して今の生活ができなくなる」などと告げて不安をあおり，「この健康食品を購入して食べなければ今の生活が困難となる」などと告げて契約させるなどが典型例です。

認知症で判断力が低下し，住まいの客観的状況の把握ができなくなって不安

を抱いている高齢者に対して,「今,リフォーム工事をしないとこのまま家での生活ができなくなる」などと告げてリフォーム工事の契約を締結させるなども該当します。

　この場合には,家の損傷の客観的状態と事業者の説明内容との食い違いによる消費者の誤認の有無は問題になりません。「高齢者の判断力の低下に付け込む」という「付け込み型」勧誘として取消事由になるわけです。

　高齢でなくとも,心身の故障により判断力が低下している場合には,適用対象になりえます。うつ病や統合失調症などの精神的な病気や,肝炎などの身体の病気であっても事故による障害でも,著しい判断力の低下があり,それに付け込んで,不安をあおって契約をさせた場合には,適用される可能性があります。

8 いわゆる霊感商法

Q 2018年改正により、いわゆる霊感商法が取消事由になったということですが、取消しできるための法律上の要件と具体例を教えてください。

A

◆取消事由に導入された事情

　霊感商法とは、様々な方法で消費者に近づいて「このままではあなたはもっと不幸になる」とか「一家全員が地獄におちる」などと告げて不安をあおり、これを防ぐことはあなたしかできない、今しかないなどと告げて、客観的には金銭的価値が乏しいか、その消費者の生活には不必要な商品やサービスなどを高額な価格で契約させるというものを指します。別名、霊視商法などといわれるものもあります。販売される商品やサービスの内容は、流行のようなものがあり、時代により変遷しています。

　この種の霊感商法は、これまでは民法上の不法行為に該当するとして支払った金銭を損害として損害賠償を求めるか、契約自体が公序良俗違反で無効であるとして、支払った金銭を不当利得として返還を求めるといった救済手段がとられてきました。

　ただ、いづれの法律構成であっても、消費生活相談による助言・あっせんによる解決は容易ではないため、訴訟せざるを得ないというのが実情でした。また、訴訟でも、立証活動の負担が大きいなどの問題がありました。そこで、これまでの裁判の積み重ねなどに基づいて取消事由として導入することが必要とされ、今回、取消事由に追加されたという事情があります。

　人間が、いつの時代でも、だれでも、様々な生活上の不安を持つものであることはかわりません。この種の被害はなくならないものと推測されます。このような観点からも、取消事由として追加されたことは評価すべきものと考えられます。

◆法律上の要件

取消しできるためには下記の要件をすべて満たしていることが必要です（4条3項6号）。

① 事業者が消費者に対して，契約を締結するに際し，下記②～④に該当する行為をし，消費者を困惑させたこと
② 当該消費者に対し，霊感その他の合理的に実証することが困難な特別な能力による知見として，
③ そのままでは当該消費者に重大な不利益を与える事態が生ずる旨を示してその不安をあおり，
④ 当該消費者契約を締結することにより確実にその重大な不利益を回避することができる旨を告げること
⑤ 消費者が困惑した結果，契約したこと

◆具体例

占いや悩みの相談などに乗ると持ち掛けて，相手の悩みや弱みに付け込んで高額な商品や祈祷などのサービスの契約を締結させるというものが典型的です。最近では，無料で気軽な占いなどで関係を持ち，だんだんと高額な対価のものに引き込む事例も少なくないようです。また，知人などから「霊力の強い人がいる」とか「よくあたる占い師だ」などと紹介される口コミやSNSがきっかけになるケースもあります。

典型的な事例としては，次のようなものがあります。

悩みの相談に低額，あるいは無償で応じる旨宣伝して，相談に訪れた消費者に対して，「自分には特別な透視力（霊能力）などがある」と告げて，「祟られている」「このままではもっと悪いことが起こる」などと告げて不安をあおり，これを回避するためには高額な祈祷を受ける必要があるとして，高額な祈祷料を支払わせる。

9 契約締結前に債務の履行をして勧誘するタイプ

Q 2018年改正で導入された取消事由のうち，契約を締結する前に債務の履行をして契約を迫るとは，どのような事例があるのでしょうか。

A

◆導入された事情と具体例

　高齢者などの契約被害では，自分ではその契約を締結するつもりがなく，契約してもいないのに，事業者が，一方的に契約を結んだら履行することになるサービスの提供などをしてしまい，元に戻すことはできないからと契約を迫られ，どうしようもなくなって契約させられてしまうという形態のものがあります。

　たとえば，事業者が戸別訪問をしてきて消費者に無断で排水溝の清掃や修理などを行い，その後に，契約の締結と支払いを強要するといった事案などがあります。このようなケースでは，消費者が断り切れずに契約に応じると，さらに引き続いて高額なリフォーム工事の契約を迫るケースも少なくありません。消費者との交渉力の格差や情報の格差に付け込んだこのような販売方法には大きな問題があることから，導入されたものです。

　いわゆる「さお竹屋」商法も典型的な事例です。ライトバンなどで「さお竹一本1,980円から」とか「さお竹〜。20年前の価格で販売しています」などと住宅街を流し，消費者が呼び止めると，契約締結前に商品のさお竹を切ってしまって，「一本○万円」などと高額の請求をします。消費者が驚いて，「そんなに高額なものを購入することはできないので，もっと安いものはないのか」というと，「あなたが購入するために必要な寸法に切ってしまった。切ったものをもとに戻すことはできないので，買ってもらうしかない」などといって契約を迫るというものです。

◆法律上の要件

下記のすべての要件を満たしていれば取り消すことができます（4条3項7号）。

① 事業者が消費者に対し，契約の締結について勧誘する際に下記の②〜④の行為をして消費者を困惑させたこと
② 当該消費者が当該消費者契約の申込みまたはその承諾の意思表示をする前に，
③ 当該消費者契約を締結したならば負うこととなる義務の内容の全部または一部を実施し，
④ その実施前の原状の回復を著しく困難にすること
⑤ 消費者が困惑した結果，契約したこと

排水溝の清掃契約で，契約前に清掃をしてしまい元に戻すことができない状態にして契約を迫るのは典型的な事例です。

さお竹の販売契約でも，さお竹の販売契約が成立してから，消費者の必要に応じて長いさお竹を必要な長さに切って引き渡すことになるわけですから，契約の前に販売する商品のさお竹を切ってしまい，元に戻すことができない状態にして契約を迫る行為は上記の取消事由に該当することになります。

10　契約締結前の行為につき対価を求め契約を迫るタイプ

Q 2018年改正で導入された取消事由のうち，契約締結前に行った調査などについて不当に対価を請求して契約を迫るとは，具体的にはどんな事例がありますか。

A

◆導入された事情と具体例

　悪質業者の中には，消費者が契約するつもりはないと拒絶しているにもかかわらず「説明も聞かないで断ることは失礼だ」などと主張し，やむを得ず消費者が説明を聞いたうえで断ろうとすると，「説明に長時間かかった。説明にかかった時間を返せ。返せないなら損失を補填しろ」などと契約を強要する事例があります。投資用マンションの勧誘などで典型的にみられる事例です。これを下記の要件では，「情報の提供」に該当すると考えられます。

　また，契約前の調査や見積もりについて，あらかじめ有料であることと対価を具体的に説明することなく，無料と消費者が信じている状態で検査や見積もりを行い，消費者が，これに基づく契約の締結を断ると，高額な見積料や調査料を請求して契約を迫るケースがあります。

　これらは契約した場合に，事業者が債務の履行として負担するものではありません。そこで，契約前に債務の履行を行ってしまうものだけではなくても，契約の取消原因になるとしたものです。したがって，「前号に掲げるもののほか」とされているわけです。

◆法律の要件

　下記の要件をすべて満たしていればその契約を取り消すことができます。

① 　事業者が消費者に対し，契約の締結について勧誘する際に下記の②～⑥の行為をして消費者を困惑させたこと

② 　前号（4条3項7号，Q9参照）に掲げるもののほか，

③ 当該消費者が当該消費者契約の申込みまたはその承諾の意思表示をする前に，
④ 当該事業者が調査，情報の提供，物品の調達その他の当該消費者契約の締結を目指した事業活動を実施した場合において，
⑤ 当該事業活動が当該消費者からの特別の求めに応じたものであったことその他の取引上の社会通念に照らして正当な理由がある場合でないのに，
⑥ 当該事業活動が当該消費者のために特に実施したものである旨および当該事業活動の実施により生じた損失の補償を請求する旨を告げること
⑦ 消費者が困惑した結果，契約したこと

第8章

過量販売の取消し

2016年改正で過量販売を理由とする
取消制度が導入されました。
高齢者のこの種の被害が増えているためです。
導入された経緯，事例などを取り上げます。

1 導入された趣旨

Q 2016年の改正で「過量販売」を取り消すことができる制度が導入されたということですが,なぜこのような制度が導入されたのですか。

A

◆調査会での議論

　近年では,高齢化に伴い高齢者の消費者被害が増加しています。高齢者の被害の典型的なものが,高齢化や病気などによって合理的な判断ができない状況に陥っている場合に,事業者が消費者がそのような事態に陥っていることを利用して,消費者に不必要な契約をさせるケースです。

　2015年の消費者委員会消費者契約法専門調査会では,このような高齢者などの消費者被害を救済する必要があること,そのための法律の整備をすることが必要であることが指摘されていました。

　高齢者などの合理的に判断する能力などが低下ないしは欠如した状況に付け込んで契約の勧誘を行う行為は,「付け込み型の勧誘」とか「状況の濫用」などと言われるものです。

　2016年改正法は,こうした付け込み型の不当な勧誘行為の中から,もっとも典型的なもので被害が多発している「非常識に大量に契約させる過量販売」のパターンを取り出して取消対象としたものです。

◆民法による救済と問題点

　このような過量販売に該当するケースの救済は,訪問販売の場合は別にして,これまでは民法による解決に頼らざるを得ない状況でした。裁判例では,公序良俗に反するとして契約そのものを無効とするもの,一連の取引が不法行為を構成するとして損害賠償を命じるものなどがありました。

　たとえば,肝性脳障害により判断力が著しく低下している女性が連日のように呉服店にやってきて1日を過ごしていくようになった状況を利用して,その

女性には到底不必要であることが明らかなのに、次々と大量の呉服を合計3,000万円以上も販売した店舗取引の事例があります。

また、呉服店の販売員として雇用した形態をとり、売上ノルマを達成させるために販売員が大勢で取り囲むなどして次々と契約させた事例では、不法行為による損害賠償を命じた事例もあります。

しかし、民法による救済は判断基準が明確ではなく、裁判をしてみないとわからないなど、安定的な救済制度とはいえません。そこで、高齢者の判断力の低下などの状況を利用して不必要な契約を締結させた場合の救済制度を導入することが必要であると結論付けられました。そして、まず典型的な一類型として、過量販売について取消制度を導入することになったものです。

2 過量販売とは

Q 過量販売とは,どのような場合を指しますか。

A

2016年の改正消費者契約法では過量販売について,2つのパターンのものを対象として定めています(4条4項)。

◆パターンⅠ

第1のパターンは,一度に大量に買わせる場合です。取消しできる過量販売とは,下記の要件をすべて満たす取引です。

① 事業者が契約の締結について勧誘をするに際し
② 物品・権利・役務その他の契約の目的となるものの分量・回数または期間が
③ 当該消費者にとっての通常の分量等を著しく超えるものであることを知っていた場合において,
④ その勧誘により
⑤ 当該消費者契約の申込みまたはその承諾の意思表示をした時

「契約の目的となるもの」とは,契約に基づいて事業者が消費者に対して提供することを約束した商品やサービスなどを指します。価格とともに契約の中心をなす,もっとも重要な部分です。

③の「当該消費者にとっての通常の分量等」とは,「消費者契約の目的となるものの内容及び取引条件並びに事業者がその契約の締結について勧誘をする際の消費者の生活の状況及びこれについての当該消費者の認識に照らして当該消費者契約の目的となるものの分量等として通常想定される分量等をいう。」と定めています。

◆パターンⅡ

　いわゆる次々販売の場合を指します。次々販売とは、同じような種類のものを次々と繰り返し契約させる場合を指します。高齢者の消費者被害では、次々と布団を買わされる、健康食品を買わされる、浄水器などの水関係の機器を買わされる、などが多発しています。

　このようなケースでは、1件ごとの契約の内容は過量とは言えない、場合によっては1件の契約内容は適正な分量等であっても、同様の内容のものを繰り返して何度も契約させ、その結果これらを合計すると著しく非常識な分量になることがあります。第2のパターンはこのような場合を指します。

　この場合の過量販売の要件は、以下のとおりです。

① 事業者が契約の締結について勧誘をするに際し
② 消費者が既に当該消費者契約の目的となるものと同種のものを目的とする消費者契約（同種契約）を締結し
③ 当該同種契約の目的となるものの分量等（分量・回数または期間）と当該契約の目的となるものとの分量等を合算した分量等が当該消費者にとっての通常の分量等を著しく超えるものであることを、事業者が知っていた場合において、
④ その勧誘により
⑤ 当該消費者契約の申込みまたはその承諾の意思表示をした時

3　特定商取引法との違い

Q 特定商取引法でも過量販売を規制していますが，消費者契約法の過量販売の取消制度とはどう違いますか。

A

◆特定商取引法の過量販売規制

　特定商取引法では，訪問販売について2008年改正で過量販売の規制を導入しました。まず，過量販売を禁止し，違反があった場合には監督官庁である消費者庁と都道府県が行政処分できるものとしました。さらに，過量販売に該当する契約については，契約締結から1年間の解除権を導入しました。解除した場合の清算方法はクーリング・オフの規定を準用しています。

　特定商取引法の解除の規定は下記のとおりです。

「（通常必要とされる分量を著しく超える商品の売買契約等の申込みの撤回等）
第9条の2　申込者等は，次に掲げる契約に該当する売買契約若しくは役務提供契約の申込みの撤回又は売買契約若しくは役務提供契約の解除（以下この条において「申込みの撤回等」という。）を行うことができる。ただし，申込者等に当該契約の締結を必要とする特別の事情があつたときは，この限りでない。

一　その日常生活において通常必要とされる分量を著しく超える商品若しくは特定権利……の売買契約又はその日常生活において通常必要とされる回数，期間若しくは分量を著しく超えて役務の提供を受ける役務提供契約

二　当該販売業者又は役務提供事業者が，当該売買契約若しくは役務提供契約に基づく債務を履行することにより申込者等にとって当該売買契約に係る商品若しくは特定権利と同種の商品若しくは特定権利の分量がその日常生活において通常必要とされる分量を著しく超えることとなること若しくは当該役務提供契約に係る役務と同種の役務の提供を受ける回数若しくは期間若しくはその分量がその日常生活において通常必要とされる回数，期

間若しくは分量を著しく超えることとなることを知り，又は申込者等にとつて当該売買契約に係る商品若しくは特定権利と同種の商品若しくは特定権利の分量がその日常生活において通常必要とされる分量を既に著しく超えていること若しくは当該役務提供契約に係る役務と同種の役務の提供を受ける回数若しくは期間若しくはその分量がその日常生活において通常必要とされる回数，期間若しくは分量を既に著しく超えていることを知りながら，申込みを受け，又は締結した売買契約又は役務提供契約」

1号が一度に大量に契約させる場合，2号が次々販売の場合です。

◆特定商取引法2016年改正

2016年には消費者契約法の改正とともに特定商取引法も改正されました。改正特定商取引法では，電話勧誘販売にも過量販売の規制と解除制度を導入しました。これによって，訪問販売と電話勧誘販売で，過量販売に該当する場合には，事業者に対する行政処分とともに契約の解除ができることになりました。

◆適用対象取引の違い

特定商取引法と消費者契約法では，適用対象取引の範囲が違います。

特定商取引法では，特定商取引法2条で訪問販売・電話勧誘販売と定義された取引にのみ適用されるにとどまっています。

一方，消費者契約法は，すべての消費者契約に適用があります。消費者が自分から店舗に買い物に出向いた場合でも適用があります。

◆2つの法律の定めの違い

特定商取引法は，過量販売規制に違反した事業者に対しては，監督官庁である消費者庁と権限委任を受けた都道府県が調査を行い，最大で2年間の業務停止命令と禁止命令などの行政処分を行うことができます。監督官庁が事業者に業法を遵守させることによって取引の適正化を図り，被害の拡大防止を図るという制度です。

一方，消費者契約法は民法の特別法であって，業法（事業者を監督するため

の法律）ではありません。したがって，契約の取消制度という民事ルールを導入しましたが，過量販売を行った事業者に対する行政処分などの制度はありません。ただし，消費者契約法の遵守をさせるため適格消費者団体による差止め訴訟制度があります。

◆民事効果の違い

　特定商取引法では，消費者は，過量販売に該当する契約を契約締結の時から1年間は契約解除することができます。解除した場合の清算方法は，クーリング・オフの規定が準用されます。

　一方，消費者契約法では，過量販売に該当する契約は，消費者が取消しできるものとしました。取消期間は追認できる時から1年間，最長でも契約締結から5年間です。取り消すことによってその契約は最初から無効であったことになります。取り消した場合の清算は，契約がなかった状態に巻き戻すことになります。消費者がすでに事業者から商品の引き渡しを受けたりサービスの提供を受けている場合には「給付を受けていた場合には，現に利益を受けている限度で」返還する義務を負います。「現に利益を受けている限度で返還する」との規定は，2016年改正で導入された規定で明確化されました（6条の2）。

　特定商取引法では解除，消費者契約法では取消しと，民事効果に違いがあり，権利を行使できる期間と清算方法も違っています。

4 過量販売の具体例

Q 過量販売に該当する具体例にはどのようなものがありますか。

A

◆一度に大量に買わせる場合

　販売担当者が、高齢者が一人暮らしであることを知りながら、常識的に考えて一人では到底飲みきれないことが明らかな大量の健康食品を一度に購入するように勧誘して契約をさせる、などのケースが考えられます。

　訪問販売や電話勧誘販売の場合には、特定商取引法による過量販売解除制度を利用できますが、消費者が、自分から店舗に出向いているために特定商取引法の適用がない場合には、消費者契約法による取消制度が利用できます。

◆次々販売のケース

　訪問販売業者が、特定の消費者の自宅に訪問勧誘や電話勧誘をして商品やサービスなどの販売契約をさせるだけでなく、繰り返し勧誘して次々と同種の商品を販売する次々販売の被害例が多発しています。商品などは様々なものがあり、布団などの寝具類、浄水器などの水関係の機器、健康食品、健康器具、呉服や宝石、自宅のリフォーム契約などが多くみられます。こうした事例では、販売業者は消費者の生活状況を把握し、判断力の低下などに付け込んで、頻繁に繰り返して勧誘して契約させています。販売業者間で被害者である消費者の名簿を売買して、複数の業者が入れ替わり立ち替わり契約させたり、販売員が別会社に移動しては同一消費者に繰り返し契約させているケースもあります。

　ただし、訪問販売や電話勧誘販売の場合には、特定商取引法の過量販売解除制度も利用できる可能性があります。

　判断力の低下した消費者が、特定の販売業者の元に頻繁に訪れて同種の商品を繰り返し購入し続けるというケースもあります。これは訪問販売にも電話勧誘販売にも該当しませんが、消費者契約法の過量販売に該当する可能性があり

ます。

　消費者の判断能力が低下して合理的な判断ができなくなっていることに付け込んで，消費者の生活状況から見て常識では到底必要ではない量の商品等を購入することになることを知りつつ，消費者に対して購入を勧めて契約させている場合には，過量販売に該当するとして取消しできます。

　過量販売取消制度が導入される以前に裁判で争われた事例としては，呉服のケース，洋服のケース（頻繁に来店する消費者に次々と高価な洋服を買わせていた。全く同じ洋服を期間をあまりおかずに複数回販売するなど，客観的に見ても異常な状況であった）などがあります。

5　テレビショッピングのケース

> Q　判断力が低下した高齢者がテレビショッピングで似たような商品を次々と大量に購入している場合は、過量販売として取消しできますか。

A ....

◆はじめに

　一人暮らしの高齢者が一日中テレビを見て過ごしていて、テレビショッピングの番組を見ているうちに次々と商品を買い込むケースが問題となっています。家族が訪ねて行って、未使用の類似の商品が大量にあるのを発見して被害に気付くケースや、在宅介護サービスを利用している場合にはヘルパーさんが気が付くケースなどもあります。

　淋しいために、テレビショッピングでよく知っている俳優などが勧めていると、まるで自分に勧めているように思って次々と購入してしまうのではないかという指摘もあります。

◆過量販売の要件

　テレビショッピングで次々と同種の商品を購入し続け、未使用の商品で部屋の中が一杯になっている、という状況は「契約の目的となっている物品の分量が、その消費者にとっての通常の分量等を著しく超えるものである」という要件に該当するといえるでしょう。

　しかし、テレビショッピングの場合には、販売業者による勧誘は行われていません。テレビショッピングで消費者に対して購入を勧めているのは、個別の消費者に対して直接勧誘をしているわけではなく、不特定多数の消費者に対して誘引しているのにすぎません。

　また、過量販売に該当するためには、販売業者が消費者に契約の申込みや承諾の意思表示をさせる際に、「契約の目的となっている物品の分量が、その消費者にとっての通常の分量等を著しく超えるものであることを知っていたこと」

が必要です。テレビショッピングでは，広告をしている販売業者は，消費者から契約の申込みを受ける時に，契約内容である商品などの種類や分量はわかりますが，消費者の生活の状況や消費者の認識の状況などは知ることができません。

　こうした点からすると，テレビショッピングで次々と商品を買いまくっているケースが取消対象である過量販売に該当する可能性は高くないと考えられます。

契約相手とは別の事業者の問題勧誘

消費者契約では，契約の勧誘をする事業者と
契約相手の事業者とが別の事業者であることが
あります。そのようなケースで，
勧誘業者の説明に問題があった場合や，
勧誘業者が断っている消費者の自宅に居座って
契約させた場合にも，消費者契約法では契約の
取消しができる場合があります。
この章では，勧誘業者と契約相手の事業者が別で
ある場合の取消制度について取り上げます。

1　媒介業者の違法勧誘と取消し

Q 契約の勧誘をする事業者が事実と違う説明をしたり，断っているのに居座ったりして契約させた場合に，契約相手が勧誘業者とは別の事業者だった場合であっても，契約の取消しはできるのでしょうか。

A

◆問題の所在

こうしたケースでは契約相手の事業者から「問題がある勧誘をしたのは当社ではないので，契約の取消しは認められない」と言われることが少なくありません。わかりやすく言えば，「自分のしたことではないので，責任もないはずだ」という言い分です。

民法には，契約相手が詐欺によって契約させた場合には，詐欺を理由にその契約を取り消すことができるという制度があります（ただし，詐欺による取消しでは，相手がだまして契約させるつもりでいたことなどを消費者が証明する必要がある）。しかし，詐欺の場合には，契約相手が詐欺を働いた場合には契約を取り消すことができますが，契約相手とは別の事業者（第三者）が詐欺を働いた場合には原則としてはその契約を取り消すことはできないとしています。

◆勧誘者が販売業者の代理人であるとき

ただし，勧誘業者が販売業者から契約締結について法律上の代理権を与えられている場合には別です。代理人が契約勧誘の際に詐欺を働いた場合には，本人は「自分がしたわけではないから知らない」とは言えません。自分で代理人を指名した以上，代理人が行った法律行為に対して本人は法的責任を負わなければなりません。

消費者契約法でも同様で，勧誘業者が販売業者の代理人であれば，勧誘業者が消費者契約法の取消事由に当たる違法な勧誘をした場合には，消費者は，それを理由に契約を取り消すことができます。

◆契約の媒介者の場合

　しかし，勧誘業者が販売業者の代理人ではないケースがたくさんあります。

　たとえば，マンションの売買を考えてみましょう。マンション開発業者が販売業者の場合でも，販売の広告・勧誘・説明・契約の申込みの受付，契約書の作成などの契約締結の事務処理は，販売業者自身が行うのではなく不動産業者（宅地建物取引業者）に媒介を依頼するのが普通です。この場合に，不動産業者が契約の勧誘の際に重要事項の不実告知をしたり，不退去に該当する行為などをした場合には，売買契約を取り消すことができるでしょうか。

　民法では，「できない」わけですが，こういう考え方は，一般の消費者には納得しにくいと思われます。

　消費者契約では，事業者と消費者の情報や交渉力が対等ではありません。事業者の方が優位にたっています。そのため，事業者には，情報の足りない消費者にはきちんと説明や情報提供をすべきことが求められます。交渉力格差に付け込むような勧誘も認められません。

　それなのに，販売業者が，契約の勧誘などを別業者に任せたとたん無責任体制になってしまうのでは，大問題です。

　そこで，消費者契約法では，勧誘業者が販売業者の代理人の場合だけでなく，別事業者に媒介業務を任せている場合に媒介業者が取消事由にあたる違法な勧誘をしたのであっても，消費者は，売買契約を取消しできると定めています。

◆媒介業者の行為と契約の取消し

　消費者契約法（5条1項）では「前条の規定（4条に定める取消制度の規定）は，事業者が第三者に対し，当該事業者と消費者との間における消費者契約の締結について媒介をすることの委託をし，当該委託を受けた第三者（その第三者から委託（二以上の段階にわたる委託を含む。）を受けた者を含む。……）が消費者に対して……規定する行為をした場合について準用する」と定めています。

　事業者が契約の媒介を委託して勧誘をさせている場合，媒介業者が消費者契

約法で定めている違法な勧誘をしたならば，販売業者が違法な勧誘をした場合と同様に契約を取り消すことができると定めたもので，民法より消費者を厚く保護しています。

勧誘業者と販売業者が別々，という場合でも，勧誘業者が販売業者から委託されて契約の媒介をしているかどうかを十分に検討する必要があります。

◆契約の媒介とは

媒介は，通常は「とり持ち」「仲立ち」を意味しますが，法律的には，「広告等の誘引をして顧客を探し，契約の勧誘をし，契約内容などの説明をし，申込を受け付け，契約書などの作成をして」，販売業者に届ける業務を行っている場合を指します。

事業者の間で明確な媒介契約を締結している場合だけでなく，リース契約や個別クレジット契約に見られるように事実上媒介業務を任せている場合も含まれます。

2 リース契約の勧誘に問題があるとき

Q 電話機の点検に来た事業者から「黒電話は今後は使えなくなる」「新しい電話機にすれば電話料金が安くなる」と説明されて自宅の電話機を交換する契約をしました。契約書を見たらリース契約でした。その後，事業者の勧誘時の説明が事実と違うことが判明しました。契約を取り消すことができますか。

A

◆リース契約の仕組み

リース契約は，販売業者・リース会社・消費者の3者間で行われる複雑な契約です。

販売業者が消費者の勧誘をし，リース契約の申込書に署名捺印させたものを受け取ります。販売業者はリース会社にこの申込書を持ち込み，リース会社の決済によりリース契約が成立します。すると，リース会社は，販売業者からリース物件を買い取り，これをリース会社から消費者にリースします。消費者は，リース会社に対して毎月リース料を支払います。リース物件の消費者宅への設置は，販売業者が行います。

このような仕組みなので，消費者に対する勧誘は，販売業者が行いますが，リース契約は，リース会社と消費者との間で締結することになります。

勧誘の際に問題がある勧誘をするのは，リース会社ではなく，販売業者です。

◆販売業者はリース会社の媒介者

上記のリース契約の仕組みからわかるように，リース会社と販売業者とはあらかじめ提携関係にあり，リース会社は，消費者の勧誘，リース契約の説明，リースの申込みの受付け，などの業務を販売業者に任せています。

販売業者は，リース会社の「媒介業者」に当たります。

したがって，リース契約で，販売業者の勧誘に，重要事項の不実告知や不退去などの取消事由があった場合には，リース契約を取り消すことができます。

3 個別クレジット契約の勧誘に問題があるとき

Q 呉服の展示会に誘われて出向きました。高価なものばかりなので買う気はなかったのですが，帰ろうとしても帰らせてもらえず，しかたなく分割の個別クレジット契約をさせられる羽目になりました。取消しできるでしょうか。

A

◆個別クレジット契約の仕組み

個別クレジット契約は，販売業者，クレジット会社，消費者の3者間の複雑な内容の契約です。仕組みは次のようになっています。

販売業者とクレジット会社との間には，加盟店契約などの提携関係があります。販売業者は，商品を分割払いなどで販売する場合に，あらかじめ提携関係にあるクレジット会社に対する個別クレジットの申込を消費者から受け付けます。具体的には，「クレジットお申込書」に消費者に署名捺印してもらって預かり，クレジット会社に持ち込みます。クレジット会社が決済すれば個別クレジット契約は成立します。消費者は，販売業者から商品を受け取り，クレジット会社に支払いをしていくことになります。

以上のように契約の勧誘をするのは販売業者であり，クレジット会社ではありません。販売業者の勧誘に問題があった場合に，個別クレジット契約を取り消すことができるでしょうか。

◆販売業者はクレジット会社の媒介者

販売業者はクレジット会社との加盟店契約などで，契約の勧誘・個別クレジット契約の説明・申込みの受付けなどの一切の業務を引き受けます。つまり，販売業者はクレジット会社の媒介者に当たります。

したがって，販売業者が勧誘の際に，不退去などの取消事由に当たる行為をした場合には，消費者契約法に基づいて消費者は個別クレジット契約を取り消すことができます。

4 不動産取引の勧誘に問題があるとき

Q 不動産業者の広告で見つけた中古マンションを購入しました。しかし，購入後にマンションに関する不動産業者の説明の中に事実と異なることがあることがわかりました。マンションの売買契約を取り消すことはできますか。

A

◆不動産売買の特殊性

不動産売買では，売り手は，不動産業者に媒介の依頼をすることが普通です。不動産業者は，広告を出して買い手をさがし，契約の勧誘や説明をします。買い手が決まれば，契約書の作成などの業務もします。

不動産業者は，この業務を宅地建物取引業法に基づいて行いますが，これは典型的な「媒介」に当たります。媒介業者である不動産業者が，契約の勧誘の際に重要事項について不実の告知をした場合には売買契約を取り消すことができる可能性があります。

◆売買契約は消費者契約か

媒介業者である不動産業者の勧誘時の説明に問題があった場合に売買契約の取消しができるためには，「売買契約も消費者契約であること」が必要です。

質問のケースでは，中古マンションの売買ですが，売主は事業者でしょうか。売主が事業者であれば（たとえば，売主が会社であれば事業者に当たる）売買契約を取り消すことができます。

しかし，消費者が住まいを買い換えるために売りに出したような場合には，消費者と消費者との売買契約なので，消費者契約法の適用はありません。そのため，売買契約は，消費者契約法による取消しはできません。

ただし，プロである不動産業者の説明が事実と違っていたのはなぜなのか。その事情によっては，不動産業者に対して民法上の損害賠償ができる場合があります。

取消制度の意味

消費者契約法では，契約の勧誘にあたり事業者の
行為によって「誤認」や「困惑」が生じたために
契約した場合には，消費者に，その契約を
取り消すことができる権利を与えました。
この章では，取り消すときにはどのようにすれば
よいか，いつまで取り消すことができるのかなど，
［取消制度］の基本的なことがらについて
取り上げています。

1　クーリング・オフ制度との違い

> **Q** 消費者契約法による取消しの制度とクーリング・オフ制度とは，どのように違いますか。消費者契約法が施行されてからも，クーリング・オフは利用できるのでしょうか。

A

　クーリング・オフ制度と消費者契約法による「契約の取消権」とは，全く異なる制度です。クーリング・オフ制度がなくなったわけではありません。

◆**クーリング・オフ制度**

　クーリング・オフ制度は，特定商取引に関する法律や割賦販売法などの各種の業法で，消費者を保護するための制度として設けられているものです。一定期間内であれば，消費者からの一方的な解除の通知で，契約を最初に遡って契約を解除することができるとするものです。解除の理由は問いません。

　クーリング・オフ制度が設けられている取引には，大まかに分類して2種類のものがあります。

　1つは，訪問販売や電話勧誘販売，訪問購入など，消費者にとって不意打ちになるものです。不意打ち取引では，消費者には，事業者の説明以外には適正な判断をするための情報がありません。また，一方的な勧誘が行われるため十分考慮して決定することができません。そこで，このような不意打ち的な契約の場合には，消費者に熟慮するチャンスを確保するために導入されました。

　2つ目としては，契約内容が複雑でわかりにくい場合，危険性が高い取引などです。連鎖販売取引，業務提供誘引販売取引，預託取引などは，この分類に入ります。これも，契約書面などを交付して，十分考慮することができる期間を確保しようとしているわけです。

◆**取消制度とのちがい**

　さて，このようなクーリング・オフ制度と，消費者契約法上の取消制度とは，

法律による主なクーリング・オフ制度一覧

取引内容	根拠法	期間	適用対象取引
訪問販売	特定商取引法	法定の申込書または契約書の交付日から8日間	商品、役務、特定権利に関する訪問取引、現金取引の場合には3,000円以上の取引
電話勧誘販売	同	同上	商品、役務、特定権利に関する電話勧誘販売取引、現金取引の場合は3,000円以上の取引
訪問購入	同	同上	原則として物品の訪問購入
マルチ商法	同	原則として法定の契約書の交付日から20日間	すべての物品、役務
特定継続的役務提供	同	法定の契約書の交付日から8日間	エステ、語学教室、学習指導、家庭教師、パソコン教室、結婚相手紹介サービス、美容医療の7種類
業務提供誘引販売取引	同	法定の契約書面の交付日から20日間	内職、モニター商法
個別クレジット契約	割賦販売法	特定商取引法と同じ	訪問販売、電話勧誘販売、連鎖販売取引、特定継続的役務提供、業務提供誘引販売取引の5種類に関する個別クレジット契約
預託取引	預託法	法定の契約書の交付日から14日間	政令で指定した特定商品、施設利用権についての預託取引
宅地建物取引	宅地建物取引業法	クーリング・オフ制度告知の日から8日間	宅地建物取引業者が売主の宅地建物取引で、店舗以外での取引
ゴルフ会員権取引	ゴルフ会員権規制法	法定の契約書面交付日から8日間	50万円以上の新規募集の預託金型のゴルフ会員権
投資顧問契約	金融商品取引法	法定の契約書面交付日から10日間	投資顧問業者として登録を受けた業者との契約に限る。ただし、清算義務がある
保険契約	保険業法	法定の契約書面交付の日か申込みをした日かいずれか遅い日から8日間	店舗外での保険契約が1年を超える契約。生命保険で医師の診断を受けた場合、保険料を支払った場合にはできなくなる

意味合いが全く異なります。クーリング・オフ制度では、事業者の販売方法にルール違反などの不当性があるかどうかは問題にしていません。消費者に対する熟慮期間の保証であるといえます。一方、消費者契約法では、第4～8章の「取消事由」の説明の部分で触れたように、事業者に、ルール違反があることを

理由に取消しをすることができるとしたもので，その意味合いが全く違うものです。

　クーリング・オフ制度と消費者契約法による取消しは，ともに利用することができます。クーリング・オフ期間を経過した契約であっても，契約締結の段階などで事業者の側にルール違反がある場合については，消費者契約法による取消しという解決方法があるということになります。

　クーリング・オフ制度が法律で定められている取引には，前頁の表で示したようなものがあります。取引によって，クーリング・オフ期間が違うので注意してください。また，クーリング・オフ期間の計算は，申込書や契約書などの「取引の内容が法律で定めたルールに従ってきちんと記載してある書面」を渡された日を1日目として計算するものが大部分です。

2　取消しの意味

Q 取り消すことができるというのは，どういう意味なのでしょうか。契約した消費者が，自分で，その契約を取り消すことに決めたら，契約はなかったことになるのですか。取消事由があっても放っておいたら，どうなるのでしょうか。

A

「取り消すことができる」ということは，契約は有効に成立するが，消費者にとって不必要な契約であれば，消費者は取り消すことによって契約をなかったことにできます，という意味です。ですから，消費者が事業者に対して，その契約を取り消す旨の通知を出さなければ，契約は有効なものとして続いていくことになります。

また，後述Q5～8のケースでも説明しているように，消費者が取り消すことができる期間には制限があります。

取消事由がある場合でも，取り消さないで放置していると，取消期間が経過してしまい，取消しはできなくなってしまいます。

契約を取り消すためには，契約の相手方に対して，契約を取り消す旨の通知を出し，これが相手に届く必要があります。取消通知が相手に届いて，取消事由があるという場合には，その契約は最初に遡って無効となります。

契約の相手方が，契約の取消しに応じれば問題はなく解決できますが，相手方が取消しに同意しなければ有効な取消しではないというわけではありません。取消事由があり，きちんとした取消通知がされていれば，取消しは有効です。

ただし，相手が「取消事由はないから，取消しは認められない」と主張して争ってくることもありえます。その場合には，訴訟などの手続きにより解決することが必要になります。

3 消費者契約法による取消方法

Q 消費者契約法による取消しはどのような方法で行うのでしょうか。クーリング・オフ制度のように、書面で行う必要がありますか。あるいは、事業者から交付された契約書面を廃棄処分すれば、契約は取り消されたことになるのでしょうか。

A

◆取消しは相手への通知で

　取消しの方法については消費者契約法では特に定めていません。行使する方法について特別に定めていない場合には、民法に定める「意思表示」に関する原則によることになります。

　まず、契約の取消しなどは、契約の相手に対して通知を行い、この通知が相手に届かなければ効果が生じないということを心得ておく必要があります。「通知」のことを、民法では「意思表示」といいます。これは、つまり、相手に対して自分の考えを伝えることが必要とされているということです。

　ですから、契約のときに渡された契約書面などを自分で廃棄処分しても、相手に対して意思を表明したことにはならないので、取消しの効果は発生しません。かえって、その契約関係についての重要な資料を廃棄処分してなくしてしまうことになるので、後々に紛争となった場合には不利となる場合もあります。このようなことは決してしてはなりません。

◆通知の方法

　さて、相手に対する取消しの通知は、どのようにする必要があるのでしょうか。消費者契約法では、特定商取引法でのクーリング・オフ制度のように、通知の方法については定めていないので、民法の原則に従います。民法では、意思表示は相手に到達したときに効果が生ずると定めるだけで（到達主義）、方法は問わないとしています。直接口頭で伝えてもいいし、電話でもいい。手紙で

も，電子メールなどでも法律上は差し支えないわけです。

　しかし，ここで考えなければならないことは，「取消しの通知がされたかどうか」で争いになった場合に，どうするかということです。契約の取消しによる効果を主張するためには，その契約の締結にあたって，取消事由があることと，その理由に基づいて取消期間の内に取消しの通知をし，相手方に届いたことが必要です。相手の事業者との間で争いになった場合には，取消しを主張する消費者の方で「取消しの通知をし，取消期間内に相手に届いた」ことを証明する必要があります。水掛け論になって，証明できなかった場合には，取消しの効果は否定され，消費者は負けてしまいます。

◆実務上のポイント

　そこで，事業者に対して，取消しの通知を出す場合には，後日，通知の有無をめぐって紛争にならないように，確実に相手が受け取り，その通知の内容の証明も可能な方法をとることが，最も確実です。こうした視点から，内容証明郵便を利用して，配達証明付き郵便で郵送するのが，最も確実です。

　口頭の場合には，水掛け論になりがちです。普通の手紙の場合も，受け取っていないと言われると，「確かに受け取ったはず」という証明はできません。手紙で出す場合には，少なくともコピーは必ず保管し，配達証明付き郵便か簡易書留で出すような工夫が必要です。

4　取消事由についての証明は誰がするか

Q 不実の告知などの取消事由について，事業者との間で争いになった場合には，誰が証明することになっていますか。消費者の方で証明することができなかった場合には，どういうことになるのでしょうか。

A

◆証明するのは消費者

　現実の紛争の場面では，取消事由があったかなかったかをめぐって争いになるケースが多く，その場合に誰が証明責任を負うのかというのは実務の上では大変重要な問題です。

　消費者契約法の立法化の際にも，議論となった争点です。

　最終的には，取消事由については，取消しによる効果を主張する消費者の方で証明しなければならないこととなりました。不実の説明がされたかどうか，不退去などの不当な行為が行われたかどうかなどをめぐって，事業者と消費者との言い分が対立し，証拠からみてどちらとも判断しかねるような場合には，消費者側が証明できなかったということになるため，取消しの効果は認められないことになります。

◆資料の保存は大切

　そのために，消費者契約では，いざという時のために証拠となる資料などを確保しておくことが大変重要になってきます。勧誘や契約締結の際に事業者の用いた説明資料などはなるべくもらうこと，もらったものは，契約の際に十分読み理解することが大切ですが，その後も，きちんと保管しておくことが大切です。資料類が不十分なときには，説明されたポイントをその都度メモに控えておく，録音するなどの注意も必要です。

　事業者の中には，証拠を残さないようにするために，勧誘の際に示した説明資料類をすべて回収して，消費者の手元に残さないようにするケースもありま

す。このような事業者は，悪質であることが多いので，契約すること自体を避けるのが賢明ですが，契約する場合には，なるべくもらっておくように努力すべきです。事業者が回収しようとして，これを拒みきれない場合には，コピーをとって保管するなど工夫する必要があります。

◆口頭のやりとりのとき

　口頭でのやりとりなどでは，客観的な資料は確保できないのが普通です。自宅とか閉鎖的な事務所などでのやりとりでは，第三者の証人もいないことが普通でしょう。こうした場合にも，あきらめることはありません。毎日つけている日記や家計簿などの記録は信用性が高く，証拠としての価値も高いものです。高額な契約，訪問販売などを利用したときには，自分にとって大切だと思ったこと，印象に残ったことは日記などに記録しておくことをおすすめします。

　また，たった1人の消費者の言い分だけでは水掛け論として認められにくくても，大勢の消費者が同一の被害にあったと訴えている場合には，相互に「証拠」として，相手の言い分を裏付けることができます。こうした情報が集積しやすいのは，地方自治体の消費生活センターや国民生活センターです。

　このような，証拠の集積という意味合いからも，消費者契約被害にあったと思ったら，早期に地元の消費生活センターなどに相談するということは，大変有効な手だてとなる可能性があると言えます。

5 取消しできる期間

Q 消費者契約法に定める取消事由がある場合には、いつまで取消しができますか。どれくらいの期間が過ぎると取り消すことができなくなるのでしょうか。

A

◆立法時の議論

　取消しすることができる期間をどの程度にするかも、消費者契約法の立法化をめぐる議論の中ではポイントとされた部分です。

　事業者は、消費者による取消しがされにくいように、できるだけ短期間にすべきであることを要求しました。一方、消費者サイドでは、消費者による利用がしやすいように、民法並みの取消期間が必要であると主張しました。民法では、詐欺などの場合の取消しは追認できるときから5年間で消滅時効にかかるとしています。5年間は難しくても、せめて2年程度は確保されるべきだとする意見が、消費者サイドからは提出されていました。

◆取消期間

　現行法では、「追認をすることができる時から1年間行わないときは、時効によって消滅する」と定められています（7条1項）。2000年の立法時には「追認できるときから6ヵ月」と定められていましたが、短かすぎて利用できないことが多いという批判が強く、2016年改正で6ヵ月から1年に改正されたという経過によるものです。

◆おかしいと思ったらすぐ相談

　当面の対策としては、「納得できない」「おかしい」と思ったら、ただちに消費生活センターなどに相談して、適切な対応をとるようにすること、「忙しいから、時間ができたら考えよう」などと先延ばしにしないということが重要です。

　民法では、詐欺による取消し、強迫による取消し、未成年が法定代理人の同

意を得ないでした契約の取消しなどの取消制度があります。これらの取消しは，いずれも追認できるとき，つまり取消事由がやんでから5年間経過すると取り消すことができなくなるものと定められています。つまり，取消期間は5年間というのが民法上の原則ですが，消費者契約法では，これよりもかなり短く定められているわけです。

◆**最長でも5年間**

ただし，契約した日から5年間を過ぎると，消費者契約法による取消しはできなくなります。取消しできるのは，長くても契約締結から5年間まで，ということです。

6　取消期間の起算日

Q 取消期間の起算日の「追認をすることができる時から1年」という場合の「追認することができる時」というのは，どういう意味ですか。契約締結の時から考えるというのとは，どう違うのでしょうか。

A

◆1年の起算日

　取消しについての原則を定めた民法でも，取消期間について定めた規定で（126条）「追認をすることができる時から5年間」と定めています。ここでも，消費者契約法の1年の起算日と同様の定め方をしているわけです（Q5参照）。

　「追認をすることができる時」とは，「取消しの原因となっている状況が消滅した」時のことを意味するものとされています（民法124条1項）。

　取消事由があることを知らなければ，消費者は契約について問題があることを自覚することができません。取消原因がなくなって自主的で合理的判断ができるようにならないと契約をやめたいとも考えることはできないためです。

◆誤認の場合

　こうしたことから，「誤認」については，消費者が，事業者の説明が事実とは違うこと，間違った説明のために自分が誤認に陥っていることに気がついた時から，取消しをしようと思えばできるという法律上の制度となっているのだからということで，ここから1年と計算することにしたものです。

◆困惑の場合

　「困惑」の場合には，本当は契約したくはなかったのに，事業者の「不退去」「退去妨害」などといった不当な行為によって困惑状態におちいって断ることができない情況での契約なのですから，取り消すことができるとしたものです。そこで，こうした「困惑」の状態がなくなって，消費者が自由な意思で行動することができる状態になった時から，取消期間を計算するものとしているわけ

です。

◆具体的には

具体的には，たとえば，「重要事項についての不実告知」の場合には，消費者が，この事実にはっきりと気がついた場合ということです。この事実を知らなければ，契約の締結について問題があると考えるはずはありません。そこで，問題があることが消費者にわかった時から，1年の取消期間を計算するとしているわけです。

「困惑」の場合には，事業者の行為の影響による困惑の状態から免れて自由に判断したり行為することができる状態となった時から，ということになります。原則としては，事業者による退去妨害とか不退去の状態がなくなった場合，と考えられるでしょう。

したがって，「誤認」の場合には，消費者が，事業者の説明に「重要事項についての不実告知」あるいは「断定的判断の提供」「故意による不利益事実についての不告知」があったこと，そのために自分が，その内容に関して誤認していたことに気づいてから1年と計算します。消費者が，この事実に気がつかない場合には，1年の取消期間は始まりません。

「困惑」の場合には，普通は，契約を締結して，事業者が帰っていった場合や，事業者の事務所などから帰宅した場合には，「取消しの原因となっている情況がやんだ」と評価できることが多いと思われます。ただし，ケースによっては，困惑状態が長く続くこともありえます。その場合には困惑がやんだときから計算することになります。

◆法律知識の重要性

なお，取消期間を計算する場合には，消費者が消費者契約法を知っているかどうか，自分のおかれた状況の場合に同法による取消しができるかどうか，取消期間が1年であることを知っていたかどうかは，問いません。消費者が，法律制度やその内容を知らない場合でも，1年の計算は同様に行うことになっています。

法律を知らない消費者は損をする可能性があります。そこで，納得できないと思ったら，ただちに消費生活センターなどに相談に行き，適切な助言を受けることが大切であると言えるわけです。

7 取消事由に気がつかないとき

Q 事業者の説明に問題があって、自分が「誤認」に陥っていることを知ってから、1年たっても放置しておくと取り消すことができなくなることはわかりました。でも、こうしたことに気がつかないで時間が過ぎてしまうこともあると思います。たとえば、誤認に陥っていることに気がついたのが、契約してから数年以上たってからであったという場合には、まだ取り消すことができると考えてよいのでしょうか。

A ....

◆契約から5年間

　消費者契約法では、「当該消費者契約の締結の時から5年を経過したときも、同様とする」つまり、取り消すことはできなくなると定めています（7条1項後段）。

　契約を締結してから、事業者の説明に「重要事項についての不実告知」などがあるということに気がつかないままに5年間が経過した場合には、消費者は、その契約を取り消すことはできなくなるとされているわけです。

　この事実に気がついたのが、5年が経過する直前であったという場合には、ただちに取消しをすれば、まだ間に合います。しかし、事実を知った時には契約の締結から5年が過ぎていたという場合には、もう取り消すことはできなくなってしまうわけです。

◆取消期間のある理由

　これは、取り消すことができるという不安定な状態が長く続くと経済取引の安定がそこなわれるということから、取消事由がやんだかどうかにかかわらず、ある程度長期間が経過した場合には、取消しを認めないようにしようとする意味であると説明されています。

　なお、民法の取消しの制度についても同様の定めがされています（民法126条）。民法では、「行為の時より20年」と定めています。5年間というのは、民法で「追認をすることができる時より5年間」取消しをしない場合には、取り

消すことができなくなるものとしている期間と同じ長さです。

こうしてみると，消費者契約の場合には，消費者に与えられた取消権の期間は，非常に短期間となっていることがわかります。

経済企画庁（当時）では法案検討の際に「消費者取引の相手方は事業者であり，事業者の行う取引は，反復継続性という性質を持つ。そこで，事業者の行う取引には，迅速な処理が求められ，取引の安全確保，早期の安定化に対する要請が強い」ためであると説明していました。

◆取消期間の妥当性

しかし，この要請は，事業者サイドからのものです。しかも，消費者契約の相手方である一方，法律でその利益を守らなければならないとしているのは素人である消費者です。取り消すことができる場合というのは，事業者が素人である消費者に対して，「重要事項について不実の説明をした場合」とか「退去妨害をして困惑させた場合」など，事業者がルール違反をしたために，消費者が不本意な契約をさせられた場合です。

事業者側が，発生した問題に対して迅速な処理をしなければならないのは，事業者はプロなのですから当然のことです。しかし，事業者が迅速性を求めるからといって，自分がした問題のある行動について責任を問われる期間を短くしなければならないというのは，理屈にあわないし，消費者の意識にも反するのではないでしょうか。

消費者はプロではなく，この法律は，プロが素人に対して守るべきルールを守らなかったために不当な被害が発生した場合の救済について定めたものなのですから，加害者側の要求を優先して，被害者からの取消権を短期間に制限するのは問題です。そもそも消費者契約法が制定されるに至った経過と矛盾するものと言わなければならないでしょう。

ただ，そうはいっても，定められた法律によることになりますから，消費者は，問題がありそうだと思ったときにすみやかに適切な助言を得るようにするなど，迅速に対応するよう努力する必要があると言えます。

8　取消しできなくなるとき──追認

Q 取消期間内の1年が過ぎていなくても，消費者の方で取り消すことができなくなるような場合がありますか。それは，どのような場合でしょうか。

A

◆追認の意味

　その契約の締結の際に消費者契約法で定める取消事由があって取消期間内にあるという場合でも，消費者が取り消すことができなくなる場合があります。

　まず第一は，消費者が追認する場合です。追認とは，取消事由があることを消費者が知ってから，改めてその契約を継続していくことを消費者が相手方に対して積極的に認めることを言います。消費者が，取消事由があることを承知していながらも，それでも私はこの契約は続けますよということを積極的に表明しているわけですから，それ以後は契約を取り消すことができなくなるというのは，合理的な考え方であると言えるでしょう。

　決断できないままに，事業者からどうするつもりなのかとはっきりした回答を求められて，深く考えることもなく「取り消しません」などと約束してしまうと，追認したことになってしまいます。その結果，以後はその契約を取り消すことができなくなるので，くれぐれも慎重に対応するように注意しなければなりません。

◆法定追認とは

　さらに，注意しなければならないのは，消費者自身は積極的に契約の継続を望んで追認したのではなくても，法律で「こういう行為をした場合には追認したものとみなす」とする定めを設けている点です。これを「法定追認」といいます。

　法定追認に該当するケースで日常生活でよく起こることとしては，次のよう

な場合があります。

① 誤認などの取消事由があることを知っているにもかかわらず，相手の事業者の提供するサービスの利用を続けた場合。

　たとえば，重要事項についての説明に嘘があったことに気づいた後も，エステティックサロンに通ってサービスを受けたという場合。

② 相手の業者に債務の履行を求めた場合。

　たとえば，契約締結後に，取消事由があることに気づいていながら，契約の内容に従った商品の引渡しやサービスの提供などをするように，相手の業者に請求していた場合。

③ 取消事由があることを知りながら，契約に基づく支払いを続けた場合。

　たとえば，会費や代金の分割支払いなどをしなければならない契約で，相手の説明に嘘があることを知った後も，支払いを続けた場合。

　ただし，契約締結時に銀行自動引落しの手続きをとったために，毎月自動的に引き落とされているという場合には，取消事由があることを知ったのちに，自分から積極的に契約を継続することを前提とした行動をとっているとは評価できないので，法定追認には該当しないものと考えられます。

◆改正の検討

　消費者契約法の見直しに当たり，消費者に法定追認の適用があることは，格差により生ずる被害救済を不十分にするという指摘がなされました。ただ，2016年，2018年の各改正の段階では消費者契約法専門調査会の委員の意見の一致が得られず見送られました。

9 取り消した場合の清算方法

Q 消費者契約法に基づいて，契約を取り消しました。契約締結後，取消しをするまでに商品の引渡しがされてしまったために，商品はわたしの手もとにあります。また，代金の一部も，頭金が必要と言われて数万円事業者に支払っています。商品は，事業者が引取りにくるまで保管していればよいのですか。また，事業者に支払ったお金は返してもらえるのですか。商品は，全然使用していません。

A ....

◆清算ルールの基本

　消費者契約法に基づいて契約の取消しをした場合には，最初に遡って契約がなかった状態に巻き戻す必要があります。これを「原状回復義務」と言います。原状回復義務は，事業者も消費者も，契約当事者双方ともが負担するものです。

　事業者が，その契約に基づいて代金を受け取っていれば，事業者は，消費者に返還しなければなりません。受け取った代金の返還は，事業者の義務なのですから，返還のためにかかる費用は事業者負担ということになります。通常は，振込み手続きなどで返還されるので，振込み手数料は，事業者負担ということになるわけです。

　一方，消費者が商品を受け取ってしまっている場合には，消費者は，その商品を返還すべき義務を負います。この場合には，商品を返還するのは，消費者の義務なのですから，返還手続きは消費者がとることになります。そのためにかかる費用は，消費者が負担します。

　これは，民法上の原状回復義務の当然の定めで，特別なことではありません。

　では，消費者契約の場合には，疑問を持つ消費者があるのはなぜなのでしょうか。

　それは，おそらく，訪問販売などのクーリング・オフ制度の場合の清算ルールが民法とは異なる定めとなっているためではないかと思われます。

◆クーリング・オフの場合の清算ルール

　訪問販売などの場合のクーリング・オフ制度では，消費者がクーリング・オフの権利を行使した場合には，事業者がその契約に関して消費者から受け取った金銭は，名目のいかんを問わずすべて返還しなければならず，一切の金銭の請求ができないとしているだけではなく，引渡し済みの商品がある場合には，事業者の費用負担で引き取らなければならないと定めています。したがって，クーリング・オフにより契約を解除した場合には，消費者は，自分の負担で商品を返還する必要はなく，事業者に対して商品の引取りを要求すればよいわけです。また，使用利益（使用料など）も一切支払う義務はありません。

　しかし，消費者契約法による取消しの場合には，取消し後の事後処理について特別の定めを設けていませんでした。そこで，取消し後の処理方法は，民法の定めによるものとなり，クーリング・オフの場合とは違う取扱いとなるわけです。

◆使用利益の清算

　さらに，民法の原則的な取消しの場合の原状回復は，「契約が当初からなかった状態に巻き戻して，双方に損も得もない状態にリセットする」という意味です。このケースでは，引き渡された商品を，消費者は全く使用していないというのですから，その商品を使った利益はありません。したがって，商品を返還して，支払済みの頭金は返還してもらえる，ということになります。

　しかし，消費者が，購入した商品を使用している場合には，「その使用によって消費者が受けた利益はどれだけか」によって，使用利益分は事業者の受けた損失の範囲内で消費者が負担することになり，清算が必要となります。

　たとえば，「リウマチが治る」という説明をして健康食品の販売をした事業者に対して，消費者が契約の取消しをした場合に，消費者が健康食品の一部を飲んでいた場合を考えてみましょう。消費者は，これにより病気が治ると思って購入しているのですから，薬効がない健康食品の購入は消費者にとっては全く意味がありません。

消費者は,「病気を治す効果がある」から使用しているわけですから,実際には,そういう効果はないのなら,健康食品を使用したことによる利益は全くありません。

原状回復とは,その契約により消費者が得た実質的な利益がある場合には,事業者の損失の範囲内の限度でその利益分を返還して,契約がなかった当初の状態に戻すという意味なのですから,実際には何の利益も受けていないのであれば,返還すべき利益もないということになると考えられます。

こうした双方の事情を実質的に判断すれば,健康食品の事例では事業者は,消費者に対して,使用済みの部分についての代金請求はできないものと考えられます。このように,原状回復の清算は,ケースバイケースで判断されることになります。

なお,消費者が受けた利益の立証責任は,その返還を求める事業者の方にあります。

◆2016年の改正

取り消した場合の清算ルールについて,2016年の改正で明確化しました。「…給付を受けた当時…取り消すことができるものであることを知らなかったときは,当該消費者契約によって現に利益を受けている限度において,返還の義務を負う。」(6条の2)との規定が定められました。前述の清算の考え方が明文化されたものと考えられます。2017年民法改正に伴い,明文化されたものです。

10　取消しの効果が争われた場合

Q 消費者が事業者に対して，消費者契約法に基づいて取消しをしたのに，相手の事業者が「説明に事実の不告知などはない」などと言って争ってきた場合には，どこでどのように解決されることになりますか。指導してくれる監督官庁などがあるのでしょうか。それとも，裁判になるのでしょうか。

A

◆民事ルールと業法の違い

　消費者契約法は，監督官庁が民間の事業者を規制するための業法ではなく，契約当事者間の民事ルールです。

　たとえば，特定商取引法は消費者庁所管の業法です。そのため，訪問販売業者が同法で禁止している「重要事項について事実と違う説明をした場合」には，業法違反に当たることになり，消費者庁による「立入調査」「改善指示」「業務停止」などの行政監督の対象となります。従来は，民事ルールは定められておらず，事業者の法律違反により不当な契約をさせられた消費者の民事的救済，具体的には不当な契約から自由にしてもらい，支払った代金は返してもらうという消費者契約法で定める取消権などの制度はありませんでした。

　また，こうした行政監督制度は，行政機関のコストと効率という観点から，1人とか小人数の被害が発生したからといって，当然，発動されるものではありません。被害が多発している，あるいは被害が広がる可能性があるなど，社会的影響が大きくて放置できないという情況にならないと，行政監督制度は発動しないのが普通です。

　悪質な訪問販売を行い，消費者からのクーリング・オフさえ無視して対処しなかったある家庭用品販売業者が，通産省（当時）により訪問販売法違反（当時）で行政処分をされるまでには，数年間かかりました。その間は，全国的に同社の訪問販売法に違反する行為により，不当な契約をさせられ，クーリング・

オフさえ拒絶されて被害を受けた消費者が続発したのでした。

◆民事ルールの特徴

　一方，消費者契約法は，契約当事者である事業者と消費者との間の当事者間ルールを定めたもので，「民事ルール」に当たります。

　そこで，事業者が同法に定めるルールに違反した場合には，相手の当事者である消費者に対して，その契約を取り消すことができるという民事効果を設けているわけです。

　民事ルールであって，業法ではないので，違反業者に対する行政処分の制度はありません。当事者間で紛争となった場合には，最終的には民事訴訟により，どちらの言い分が正しいかを裁判所に判断してもらって解決するということになります。

　契約を取り消した消費者が，契約による支払いを拒否している場合には，事業者から「代金支払請求」など訴訟が提起されることになるでしょう。消費者は，これを受けて争うことになります。

　消費者が，取消事由に気がつく前に支払いをしてしまった，という場合には，取り消すとともに支払い済みの金員の返還を求めることになります。事業者が争って返金してくれない場合には，消費者から支払い済みの金員の返還を求めて訴訟を起こすことが必要になります。

　ただし，訴訟というのは，当事者間の言い分が対立して，どうしても解決することができない場合の最終的な手続きです。消費者問題については，当事者間での解決が難しい場合には，消費生活センターなどでの助言やあっせんを利用することにより，解決できる場合が少なくありません。また，国民生活センターのADR（2009年4月から開始した制度），弁護士会の紛争解決センター，簡易裁判所の調停などの手続きも利用することができます。

11　取消しと無効の違い

Q　事業者による勧誘に問題があって消費者が誤認したり，困惑して契約を締結した場合には，取り消すことができると定められているということですが，一方では，事業者の定めた契約条項が［不当条項］に該当する場合には［無効］とされるとも定められています（第11章）。「取り消すことができる」というのと，「無効」というのは，どう違うのでしょうか。違いについて教えてください。

A

◆取消しと無効の違い

　取り消すことができるというのと，無効というのでは，法的には制度の意味が全く違います。そこで，その違いについて簡単に紹介しましょう。

　まず，「取り消すことができる」というのは，契約は有効に成立するが，その契約を不必要であると消費者が考えた場合には，消費者は，その契約を取り消すことができるとするものです。消費者が取り消さなければ，その契約は有効として成立したままの状態が続くこととなります。つまり，取り消すか契約を続けるかは，取消権を持つ消費者が選べるわけです。

　消費者が必要ないと判断すれば，取り消すことができ，取り消されれば，最初に遡ってその契約は無効とされます。ですから，契約が取り消されるまでに契約当事者間に発生したことを清算して，双方ともに最初の何もなかった状態に戻す処理をしなければなりません。これを「原状回復」といっています。

◆取消しできる期間

　このような制度なので，いつまでも取り消すことができるということにしておくと，いつ取り消されるかわからない不安定な状態が続くこととなります。そのために，［取消権］は行使できる期間が制限されています。その期間内に取り消されなければ，以後は消費者は取り消すことができなくなるものとされ，契約関係は完全に有効なものとなるので，以後は安定したものとなるわけです。

◆契約の無効

　民法には,「公序良俗に反する契約は無効」「意思無能力者の契約は無効」など,契約を無効とする制度があります。

　この場合の「無効」と「取消しできる契約」とは,どう違うのでしょうか。

　取消制度は取消権を持っている人が,その契約を取り消して無効にするのか,有効なものとして続けるのかを選ぶことができる制度でした。

　無効は,これとは違って当然に契約としての効果がない,ということを意味します。外形的には契約があるように見えても,契約は効果がないということです。初めから契約としての効果がないわけですから,取消期間のようなものもありません。無効な契約を放置しておいたら有効になる,というようなこともありません。

◆不当条項の無効とは

　一方,不当条項は「無効」というのは,事業者が一方的に消費者にとって不当な条項を定めたとしても,そのような定めは最初から法的には効力がないですよという考え方をとったものです。

　つまり,そもそもそのような条項は,法的には無効であって拘束力はないということを意味しているわけです。そこで,事業者が,「不当条項は無効」とされているような「不当条項」に該当する定めを設けていたとしても,消費者から,「その条項は不当なので取り消しますよ」などという主張がされなくても,当然にその条項は無効なものとして法的には拘束力がないということになります。

　したがって,「無効」については,一定期間を経過すれば「無効」の主張ができなくなるといった権利行使の期間の制限はありません。

　ただし,そうはいっても,事業者が定めた条項が仮に不当なものであっても,消費者から「不当条項だから無効だ」という主張がされなければ,事業者は当然契約条件にそって処理してきますから,その条項どおりにものごとが進められてしまうこととなります。ですから,不当条項についても,消費者が黙って

いれば，せっかく法律で定めていても，意味がなくなってしまいます。

結局，実務的には，無効であっても，取消しであっても，消費者から相手の事業者に対して，自分の言い分をきちんと伝える必要があるという点では，あまり違いはないと言えるでしょう。また，どちらの場合も，契約後なるべく早期に取消しや無効の主張をするほうが，よりよい解決が得られる可能性が高いと言えます。時間がたてばたつほど，解決はむずかしくなりがちです。

なお，不当条項は無効とするという制度では，契約そのものは有効であり，その契約に関して事業者が定めた条項のうち不当条項だけを無効とするものである点に注意してください。

不当条項を無効とする制度

消費者契約法では，事業者が定めた契約の条件
（契約条項）が著しく不当な場合には，その一部
または全部を無効とするものと定めています。
この章では，具体的には，どのような条項が
［不当条項］に該当するのか，
具体例を挙げて紹介しています。

1　不当条項制度の必要性

Q　消費者契約では，なぜ不当条項制度を定めたのですか。制度の意味と，その必要性について説明してください。

A

◆民法による契約ルール

　民法の基本理念は，契約に関しては「契約自由の原則」を基本原則としています。「契約自由の原則」というのは，契約内容について言えば当事者同士が決めた内容による，ということです。わかりやすく言えば，契約内容は，めかけ契約や不当に高額な利息をとる契約，犯罪を約束とする契約などの「公の秩序や善良の風俗に反する契約」は別として，当事者間の合意によるということです。対等な市民同士の契約では，契約の内容については，契約当事者が協議をして決めればよいというわけです。

　民法の契約に関する規定の多くは，契約内容として当事者間に合意がない問題についてトラブルが発生した場合に適用されることになります。

◆民法ルールの大前提

　このような民法の基本原則は，次のようなことを前提としています。

①　契約当事者は，あらゆる意味で対等かつ平等であり，立場の互換性がある，経済的に合理的に行動する経済人であること。

②　一人前の大人であること。

③　契約は，契約の都度，当事者同士で協議して決めるものであること。

　契約当事者は，知識・情報，経済力，社会的な力や地位など，あらゆる意味で対等であること，交渉力も対等であることが前提とされています。対等なもの同士であれば，相手の言い分も聞くけれど，自分の言い分もきちんと主張できる。その上で，双方が共に納得する内容の契約でなければ成立するはずがない，という考え方です。こういう前提なら，当事者間に任せておけば，契約内

容は双方が納得できるものになるはずですから、結局は公平で合理的なものになるはずです。そうであれば、「契約自由の原則」を基本原則とするルールは、合理的な制度設計だと言えるでしょう。

そして、このような前提の上で自分が選択して相手と約束した以上は、守らなければならないということも当然のことです。

◆消費者契約の特殊性

では、私たちの日常生活での契約はどうでしょうか。

消費者は、日常生活に必要な商品などは生産者が製造したものを販売業者から購入しています。価格や契約条件は、あらかじめ事業者が決めて売り出しています。

このような日常的な契約と、民法の原則とを比較してみましょう。

消費者と事業者とは、商品や取引条件についての知識や情報を同じだけ持っているわけではありません。消費者は、相手が販売している商品についての知識は何もありません。事業者から説明してもらわないと、何もわかりません。

価格や取引条件については、事業者が決めて販売しているのですから、事業者から説明してもらわなくては、消費者にはわかりません。

最近では、消費者庁が、景品表示法違反で、不当な表示や広告に対して使わないようにといった措置命令を行うケースが増加しています。大企業でも処分されるケースがあります。これは、事業者と消費者との知識や情報が対等ではない状況下で、事業者からの情報提供が正しくないと消費者の選択がそこなわれることが問題とされているのです。

このように、消費者契約では、契約当事者間の知識・情報・交渉力は、対等ではありません。

契約条件は、民法では、契約当事者間で協議して決めることを前提にしていますが、消費者契約では、契約内容はあらかじめ事業者が一方的に決めて売り出します。双方で協議して双方にとって納得できる公平な契約内容にするという仕組みではありません。

◆**不当な条項の押し付け**

　また，契約内容が消費者にとって不利な場合に，消費者から事業者に申し出て修正してもらうことは困難です。銀行ローン，クレジットカード，スマホなどの通信契約，家電製品などの保証書，賃貸マンション，生命保険など，様々な契約を振り返ってみてください。契約のときに「ここの条項を修正してください」と申し出たとしても，修正してはもらえません。その条項が納得できなければ，契約をしない選択肢しかありません。多くの場合，同種の商品やサービスの場合には，業界が横並びでよく似た契約内容にしています。その結果，消費者は，必要なものやサービスを手に入れることができません。消費者としては，「納得できない契約内容にガマンして」必要だからと契約するか，「納得できない契約内容には従えない」から，商品などをあきらめるか，という選択になってしまいます。

　つまり，圧倒的な交渉力の格差があるために，契約内容は，事業者が一方的に決める結果となっているのです。その内容が，事業者に一方的に有利でも，個々の消費者には不公平な内容を改善してもらう力はありません。

　その結果，「契約自由の原則」は，力の強い事業者の自由となっている現状があります。事業者は，弱者である消費者の犠牲の上で，「儲ける」ことができます。

　弱肉強食がまかり通れば，消費者が被害にあうだけではなく，公正な経済競争が損なわれます。弱者の弱みに付け込んだあこぎな事業者が得をする市場では公正な競争は維持できず，市場はゆがめられてしまいます。

　そこで，
　① 消費者の権利や利益を守ること
　② 健全で公正な市場競争を確保するための環境を整備すること
を目的として，合理性のない消費者に一方的に不利な条項を「不当条項」として無効とする制度を導入しました。

2　不当条項に当たる場合

Q 無効とされる不当条項とは，どんなものですか。不当条項に該当するかどうか判断する際の基準を教えてください。

A

◆不当条項の基本的な考え方

　不当条項は，消費者契約では契約条項は双方による話し合いで決まるものではなく，事業者があらかじめ自分で決めるものであるために起こるものです。事業者が契約条項を決めるときにはどうしても自分に有利になるように考えがちです。悪意はなくても，自分に有利になるようにしたいと思うのは人情からも想像できます。相手の立場をよく理解していないと，相手に対して過酷な契約条件にしてしまうということも起こりえます。

　悪質業者であれば，自分の利益だけを考え，消費者の弱みに付け込んで明らかに消費者に不利な契約条項にする場合もあります。

　そこで，消費者契約法では，まず「法令中の公の秩序に関しない規定の適用による場合に比して消費者の権利を制限し又は消費者の義務を加重する消費者契約の条項であって，民法第1条第2項に規定する基本原則に反して消費者の利益を一方的に害するものは，無効とする」と定めました（10条）。

　民法1条2項に規定する基本原則とは，「権利の行使及び義務の履行は，信義に従い誠実に行わなければならない」という規定です。

　消費者契約では，消費者が代金を支払って，事業者から商品やサービスを購入するのが普通です。この場合に，事業者が民法などの任意規定の一般原則で想定している責任をきちんと取らない，あるいは消費者の負担が民法などが想定している負担よりもひどく重い，あるいは消費者の権利を奪っている，そしてそのような特別な内容にするだけの合理性がないといった場合には，その不当な条項部分を無効であると定めているわけです。

　不当条項が無効となった場合には，その条項はないのと同じことになるので，

民法などの任意規定による原則に沿った取扱いをすることになります。

　消費者契約法では，不当条項制度を活用しやすくするために5種類の例示規定を定めています。具体的なものを法律に明記しておけば，事業者や消費者はあてはめをしやすいので法律をうまく使えます。

　消費者契約法で具体的に決めている不当条項には4種類あります。

◆事業者の責任を免除する条項

　第1は，「事業者の損害賠償責任を免除する条項」です。

　民法などでは，事業者は，契約相手に対しては，契約違反をした場合には債務不履行に基づく損害賠償責任を負うものと定めています。また，事業者に故意・過失があって，相手に損害を与えた場合には（具体的には，契約の履行に際して事故を起こして相手に被害を与えた場合など）には，加害者は不法行為に基づく損害賠償責任を負うと定めています。売買契約では，売主は，商品に「外見からはわからないキズがあった場合（隠れた瑕疵）」には，損害賠償などの瑕疵担保責任を負うと定めています（2017年改正民法で，「契約適合性違反」に対する責任と変更されました。2020年4月以降締結された契約に適用されます）。

　ところが，事業者によっては，契約条項でこうした責任を一切負わないと決めている場合があります。しかし，そのような契約はあまりにも無責任でもあり不公平でもあるので，無効とされています。

◆消費者の損害賠償等の責任を一方的に加重する条項

　消費者契約では，事業者が消費者に対して守るべき内容を決めているだけではなく，消費者が事業者に対して守るべき事項も定めています。最も中心的な取決めは，商品の代金やサービスの利用料金などの支払いですが，それ以外にも，契約を解除した場合の解約料などの定めや消費者が代金などの支払いを怠った場合の遅延損害金（延滞金ともいう）などの定めも典型的なものです。

　解約料や遅延損害金についての定めが不合理で消費者の負担が重すぎる場合も，不当条項となります。

消費者契約法では，不当条項の具体例の第2として，消費者のこれらの負担を加重する不当条項を定めています。具体的には，次の2種類の定めをおいています。

◆消費者による契約解除の場合の解約料が重い場合
消費者契約法では，
① 当該消費者契約の解除に伴う損害賠償の額を予定し，または違約金を定める条項であって，
② これらを合算した額が，
③ 当該条項において設定された解除の事由，時期等の区分に応じ，
④ 当該消費者契約と同種の消費者契約の解除に伴い
⑤ 当該事業者に生ずべき平均的な損害の額を超えるもの

については，その平均的損害を「超える部分」は無効と定めています。つまり，契約条項でいくらの解約損料などを定めていたとしても，「平均的損害」の範囲でしか，事業者は消費者に対して請求することは認められないことになっています。

「これらを合算した額が」ということですから，契約解除に関して消費者に対して事業者が請求することになる金銭は，名目のいかんを問わずすべて合計して考える必要があります。

◆消費者が支払うべき代金などの支払いを怠った場合の延滞金
消費者が支払いを怠った金額に対して年利14.6%を超える延滞金は無効とされます。契約で支払うべき代金・料金以外で，延滞によって消費者に負担させる金銭は，すべて延滞金として取り扱います。したがって，延滞金以外の名目をつけても，合計で年利14.6%を超える部分は無効とされます。

◆消費者の解除権を放棄させる条項
第3に，消費者の解除権を放棄させる条項は，不当条項として無効です。
民法では，事業者に債務不履行や売買契約で引渡された商品に隠れた瑕疵が

ある場合で，契約で定めた内容に大きく反しているときには契約した意味がないため，購入者などは契約を解除することができると定めています。つまり，購入者などには法律上の解除権があるのが原則です。

しかし，この規定は任意規定ですから，事業者の中には，契約条項の中に「いかなる場合も一切解除はできない」などの規定をもうけているケースがあります。このような法律上の解除権を放棄させたり，解除権の有無を事業者が決めることができる条項は無効です。

◆消費者の成年後見開始等の審判のみを理由に契約を解除できるとする条項

第4の不当条項です。

◆損害賠償責任について事業者が定める条項

この2点は，いずれも2018年改正で導入されました。詳細はQ3でとりあげています。

3 不当条項に関する2018年改正のポイント

Q 不当条項に関しても，2018年に消費者契約法が改正されたということですが，なぜ，どのような改正がされたのですか。

A

◆はじめに

　消費者契約法では，不当条項に関しては，民法等の任意規定に反する条項で，かつ，信義誠実の原則に反する条項であれば無効であるとの一般的な定めを設けています。しかし，このような包括的な規定だけでは，具体的にどのような規定が不当条項に該当するかが簡単には判断できないという使いづらさがあります。消費者契約法は，消費者のための法律であるとされていますが，消費者から見たときに「どのような条項だと無効なのか」がわからないので，十分機能するとはいえません。また，条項を準備する事業者にとっても明確である方がよいといえます。

　そこで，立法当初から，具体的な条項として，①事業者の損害賠償責任を全部免除する条項など，②消費者の損害賠償責任を加重する条項，の2種類について不当条項であり，無効であるとする規定を設けていました。

　これだけでは不十分であることから，2016年改正では，③消費者の法律上の解除権を放棄させる条項，を追加しました。

　2016年改正後も，消費者委員会消費者契約法専門調査会では，具体的な条項の定めを充実させることが必要であるとして検討を続けています。2018年には，調査会で意見の一致をみることができた次の2点について追加されました。

◆2018年改正のポイント

　第1の点は，成年後見・保佐・補助の各開始の審判のみを契約の解除事由と定めた条項を無効と定めたことです(改正8条の3)。高齢社会を迎えて，高齢化などにより判断力が低下し，成年後見制度などを利用する人が増えつつある

ことに対応するためです。賃貸住宅契約や情報提供サービスなど継続的契約で問題となることが多いと考えられます。

　第2が，損害賠償責任の有無や内容等を事業者が定める条項です。契約条項では，「当社が認める損害賠償責任を負う」などの条項を設けていて，消費者から「債務不履行だから損害を賠償してもらいたい」と要求すると，「契約書には，当社が認める…と定めている。当社が認めない場合には，責任がない」などと主張するケースがあります。このような場合について，不当条項であることを明確化したものです。なお，この改正は，新たに一条項を設けるのではなく，従来の①③などの条文を改める形で改正しています。

4 免責条項①──スポーツクラブでの事故

Q 入会しているスポーツクラブで滑って転んで骨折しました。後遺症も残ったため、クラブに対して治療費と入通院慰謝料・後遺症の慰謝料などを請求したところ、クラブは「会則に、当クラブ内で起こった事故には一切責任を負わない」と定めてあるから支払わないと回答してきました。仕方がないのでしょうか。

A

◆基本的な考え方

まず問題となるのは、事故の原因は何かということです。

もし、会員の不注意による事故であれば、クラブに責任がないとの言い分は不当なものではありません。

しかし、クラブ側に問題がある場合は別です。たとえば、事故が起こった施設（土地の工作物）の設置に安全の上での問題があって事故が起こった場合には、民法では、工作物の占有者には損害賠償責任があると定めています。設備管理にミスがあった場合にも同様に損害賠償責任があるのが民法の定めです。

また、クラブは契約相手である消費者に対して、安全な施設でスポーツをすることができるサービスを提供する義務があります。もし、施設が危険な状態だったり、管理が不十分で危険な状態であったために事故が起こった場合には、契約上の債務不履行に基づく損害賠償責任を負わなければなりません。

◆「事故には一切責任を負わない」旨の会則

ところが、このクラブでは「当クラブ内で起こった事故には一切責任を負わない」との会則を設けており、クラブの会員にはこの会則に従ってもらうことになっていました。この会則の規定は、

① クラブに債務不履行があっても一切損害賠償をしない＝債務不履行責任の全部免責条項

② クラブの故意・過失によって事故が起こっても一切損害賠償しない＝不

法行為責任の全部免責条項というものです。この条項は，消費者契約法で不当条項としている「事業者の損害賠償責任を全部免責する条項」に当たります。

したがって，この条項は当然に無効です。

会員が個人であれば消費者に該当するので，消費者契約法により，「クラブは一切責任を負わない」と定めた条項は無効です。事故がクラブの過失によって生じたものであれば，事故によって生じた損害については，予測可能な範囲でクラブに損害賠償を求めることができます。

類似の事故は，スキューバダイビングスクールなどでも起こったケースがありますが，同様の扱いになります。施設の安全性だけでなく，インストラクターの指導に問題があって事故が起こった場合にも同様です。

◆一部免責条項の場合

では，クラブの会則が「一切責任を負わない」というものではなく，金銭的な上限が決められている場合はどうでしょうか。このように損害賠償の限度が決められているものを「一部免責条項」と言います。消費者契約法では，一部免責条項は，原則として有効とされています。

ただし，クラブ側に故意あるいは重大な過失があった場合には一部免責条項であっても無効となります。クラブの過失によって消費者が受けた予測可能な範囲の損害は全額損害賠償を求めることができることになります。

なお，形式的には一部免責条項に見えても，責任の限度が契約内容から見てあまりに微々たる金額で実質的には全部を免責するに近いという場合には，全部免責条項と同様に考えるべきでしょう。

◆「事業者が決める」という特約

消費者契約では，「当社が責任があると認めるときは賠償します」などと定めているケースがあります。

2018年改正では，このように「事業者が損害賠償責任を決める条項」も無効であると定めました。

5　免責条項② ── 介護施設での事故

Q 高齢で要介護状態の家族が，入所していた介護施設で事故にあい怪我をしました。治療しましたが，事故の前には歩行できていたのに事故後は回復が悪く寝たきりになってしまいました。介護施設では，入所のときに「事故が起きても苦情は言いません」という一筆を入れてもらっているからと，一切話合いに応じません。

A

◆基本的な考え方

　最も問題となるのは事故の原因は何か，ということです。

　ただし，この場合には，介護施設ですから，介護が必要で入所している人たちにとって安全なものだったのか，安全であるように介護などが行われていたのか，ということが問題となります。

　施設の状況，施設管理，介護の状況などに過失はなかったか，施設の安全性に問題はなかったか，という点がポイントとなります。これらに過失などの問題があった場合には，介護施設には債務不履行責任か不法行為責任があると考えられます。

　設備の安全性には問題はなく，管理や介護も配慮されたものであり，それでも避けることができなかった事故の場合には，民法上も施設には法的責任はありません。

　介護施設であっても，事故が起これば当然責任がある（こういう考え方を「無過失責任」とか「結果責任」と言います）というわけではありません。事故が起こった場合には，どのような事故か，なぜ事故が起こったのか，ということをはっきりさせておくことが重要です。

◆「事故が起きても苦情は言いません」という一筆

　入所の際に本人と家族が施設から求められて差し入れた一筆は，事業者と消費者との取り決めですから，契約条項に当たります。「事故が起きても一切苦

情を言わない」という意味は，介護施設で事故が起こっても施設は一切責任を持たないという意味です。したがって，この約定は「全部免責条項」に当たるので，消費者契約法により無効です。

◆介護施設での事故

　最近では，介護施設で，入所している要介護者が事故にあって怪我をして裁判になるケースが増えつつあります。このようなケースでは，介護を必要とする入所者にとって安全であるように配慮された設備か，入所者の介護の必要度や気持ちなどにも配慮した介護サービスを行っていたか，などが考慮される傾向にあります。このように，健康な人を対象とするサービスとは判断基準が違うという特徴があります。

　裁判例では，介護を必要としている高齢者が，1人でトイレに行けるからと介護を求めず1人でトイレに行ったものの，転倒して怪我をしたケースについて，本人は遠慮や羞恥心などの感情から介護を遠慮することがあることも考慮して，どの程度の介護が必要なのかを施設のほうで配慮して必要な介護をすべきだったとして，施設の責任を認めたものなどがあります。

◆一部免責条項の場合

　施設側が損害賠償の上限などを定めている場合には，原則としてその条項は有効です。ただし，施設側の落ち度が大きい場合や意図的に行った結果損害が発生した場合には，一部免責条項は無効となり，施設は事故により生じた予測可能な範囲の損害について，全額賠償する責任があることになります。

6 免責条項③――ペットの売買

Q ペットショップで子犬を購入しました。翌日急に子犬の具合が悪くなったので獣医に診てもらったら伝染病でした。潜伏期間からみてショップで感染したとのことでした。ショップに苦情を言ったところ「ペットは生き物なので、引き渡した後の事故・病気・死亡などについては一切責任を負いません」という契約条項を示されました。納得できません。

A

◆ペットショップの売主としての責任

　法律上はペットは動産として扱われます。ペットの売買は、動産の売買契約ということになります。動産の売買契約の場合には、売り手はどういう責任を買い手に対して負うのでしょうか。

　現行民法では、動産の売買で特に商品の品質について定めていない場合には「平均的な品質のもの」を引き渡す義務を負うと定めています。ペットショップの場合には、原則として「健康なペット」を引き渡す義務を負っていると言えます。

　ただし、例外があります。ペットショップから「この子犬は、こういう障害がある」とか「○○という病気にかかっている」といった具体的な説明を受けて納得の上で売買契約をした場合には、承知の上で契約しているのですから、健康ではなかったといって苦情を言うことは認められません。

◆引き渡されたペットが病気だった場合の民法上の責任

　ペットショップに落ち度があったために病気のペットを引き渡す結果になってしまった場合には、ショップには債務不履行責任があります。

　また、売買契約の場合には、引き渡された商品に「外見からはわからないキズや欠陥があった場合（隠れた瑕疵があった場合）」には、売り手は、自分に落ち度がない場合であっても、交換・無償での修理・減額、損害賠償などの民法

上の責任，瑕疵が大きい場合には買い手からの契約解除などの法的責任を負うことになっています。この責任を「瑕疵担保責任」と言います。

したがって，このケースでは，民法上は，病気のペットを健康なペットに交換してもらうか，適切な金額の治療費を負担してもらうなどの請求が可能です。

◆ショップの特約

「生き物なので，引渡し後には一切責任を負わない」という条項は，ペットショップが引き渡した段階で病気に感染していたとしても責任を負わないという部分は，「事業者の損害賠償責任を全部免責する条項」に該当するため無効です。この場合の法的責任は，債務不履行責任・不法行為責任・瑕疵担保責任（2017年改正民法では，契約に適合しない場合の責任）の全部免責条項に該当します。

ただし，引渡し後に交通事故などで死亡したとか，引渡し後の原因で病気になった，といった場合にショップが責任を負わないのは当然のことです。

◆交換に限定する瑕疵担保責任の特約

ペットショップによっては，瑕疵担保責任（2017年改正民法では，契約に適合しない場合の責任）を「交換」に限定している場合があります。具体的には「引き渡したペットに障害や感染症が発見された場合には，同品質の健康なペットと交換いたします。その他の責任は負いません」などの定めが考えられます。

消費者契約法では，売買契約に関する瑕疵担保責任（2017年改正民法では，契約に適合しない場合の責任）については，「修理」「交換」―改正民法との関係で追完，減額」に改正（8条2項1号）―に限定する条項は有効と定めています。

これは，家電製品や生活用品の場合には合理的な考え方です。しかし，「家族感覚」で生活を共にする目的もありうるペットの場合には，「健康な別のペットに交換するからいいではないか」という考え方は適切とはいえません。こうした特殊な契約では，購入者が「交換」ではなく治療費負担を求めた場合には，事業者は応ずるべきではないかとも考えられます。

◆2017年民法改正との関係

　2017年民法改正では，瑕疵担保責任は債務不履行責任と一本化されました。引き渡された目的物が契約に適合しない場合には，事業者は追完，減額，損害賠償などの責任を負います。交換は追完と同じことなので，考え方は変わりません。

7 免責条項④ —— 家電製品とメーカーの補修責任

Q 近所の販売店で家電製品を購入しました。受け取った商品に不具合があったので販売店に無償修理を求めたところ，契約書には「販売業者は瑕疵に対する責任を負いません。販売商品に隠れた瑕疵がある場合にはメーカーが無償修理いたします」とあり，販売店では修理はしていないと言われました。近くの販売店のほうが何かと便利だと思って購入したのですが，メーカーに依頼するよりしようがないのでしょうか。

A

◆瑕疵担保責任の原則

　民法上の瑕疵担保責任は，売買契約上の売主の責任です。売買契約に基づいて引き渡した商品に隠れた瑕疵がある場合には，販売業者に，交換・補修・損害賠償などの責任があります。

◆製品などの特殊性

　しかし，商品を仕入れて販売しているだけの販売業者は，商品についての技術面でのプロではないこともあります。家電製品などでは，製品についてのプロの方がよくわかります。

　そこで，瑕疵担保責任についても，販売業者のかわりにメーカーなどが修理・交換などの責任を負うことにし，販売業者は瑕疵担保責任を負わないとする場合があります。

　消費者契約法では，このような場合について
① 当該消費者と当該事業者の委託を受けた他の事業者との間の契約または当該事業者と他の事業者との間の当該消費者のためにする契約で，
② 当該消費者契約の締結に先立ってまたはこれと同時に締結されたものにおいて，
③ 当該消費者契約の目的物に隠れた瑕疵があるときに，当該他の事業者が，

当該瑕疵により当該消費者に生じた損害を賠償する責任の全部もしくは一部を負い，瑕疵のない物をもってこれに代える責任を負い，または当該瑕疵を修補する責任を負うこととされている場合

という条件をすべて満たしている場合には，販売業者の瑕疵担保責任（2017年改正民法では「契約に適合しない場合の責任」）を全部免責する条項であっても有効であるとしています。

この規定を整理をすると，

① 販売業者が修理業者（多くの場合はメーカー）との間で，消費者に対する瑕疵担保責任（2017年改正民法では「契約に適合しない場合の責任」）に基づく修理・交換などを行うことを委託する契約をしているか，または，購入した消費者のために販売業者が修理業者との間で「修理業者が修理などを行う契約」を結んでいる場合で

② 修理業者と販売業者との①の契約が，消費者との間の売買契約と同時に締結されているか，売買契約よりも前に締結されている場合であること

の条件が満たされていれば，販売業者の瑕疵担保責任（2017年改正民法では「契約に適合しない場合の責任」）を全部免責する条項は有効ということになります。

その場合には，消費者は，修理業者（質問のケースでは，メーカー）に対して修理をするよう要求することができます。これによって，消費者は，瑕疵担保責任（2017年改正民法では「契約に適合しない場合の責任」）と同等の責任を事業者にとってもらうことができます。したがって，瑕疵担保責任（2017年改正民法では「契約に適合しない場合の責任」）に関する消費者の利益は守られます。

8　遅延損害金① ―― 駐車場の賃料

Q 月ぎめの駐車場を借りています。うっかりして駐車場の賃料の支払いが遅れたら倍額を支払うよう請求されました。契約書には，「1日でも支払いが遅れた場合には倍額を支払わなければならない」と記載されています。しかし，あまりに法外だと思います。

A

◆支払期限と債務不履行

　料金や代金を契約で決めた支払期日までに支払わなかった場合には，約束違反になります。法律的にいえば，債務不履行ということです。

　債務不履行の場合には，不履行を起こした当事者が，相手方に対して損害賠償責任を負います。

　金銭の支払義務を怠った場合には，年利○％という形で損害賠償をすることになっています。相手方のほうでどれだけの損害を受けたかということを証明する必要はありません。これは，金銭の支払いが遅れた場合の常識的な取扱いとなっています。

　このように，金銭の支払期限を守らなかった場合に付加して支払わなければならない損害賠償のことを，「遅延損害金」とか「延滞金」などと言います。

◆遅延損害金の上限は

　消費者契約の場合には，消費者契約法で，遅延損害金の上限について支払うべき元金に対して年利14.6％を上限としています。これを超える割合の契約をしていた場合には，年利14.6％の支払義務があるのに留まり，これを超える部分は無効となります。

　年利14.6％ですから，支払いが遅れた日数分を日割り計算して，支払うべき遅延損害金の金額を割り出します。

　したがって，遅れてしまった賃貸料金の2倍支払う義務はありません。本来

払うべきだった期日から何日遅れて支払うのかを計算し，遅れた日数分を年利14.6％に基づいて日割り計算して算出した金額が，遅延損害金として支払うべき金額となります。

　1日だけ遅れたのであれば，1日分の遅延損害金をプラスして支払えばよいのです。

◆売買代金など

　質問のケースは，駐車場の賃貸料ですが，売買契約の売買代金，様々なサービス契約の利用料金など，消費者が支払うべき金銭を期日に支払わなかった場合には，大部分のものに同じルールが適用されます。

　ただし，借金（金銭消費貸借契約）やクレジット契約などの場合には別の取扱いになります。それぞれQ10〜12で個別に取り上げ詳しく説明していますので，該当の部分を参考にしてください。

9　遅延損害金❷──出会い系サイトの延滞金

Q ケータイで出会い系サイトを利用しました。5,000円の有料サイトだったのですが、うっかりして支払いを忘れていました。サイト業者から、「3日以内に支払わなかったので、住所などの調査料5万円と1日当たり1万円の延滞料が加算される」と督促されました。1ヵ月も失念していたので、35万5,000円請求されていて大変困っています。

A

◆出会い系サイトのトラブル

　ケータイなどの出会い系サイトで一番多いトラブルは「無料と思って利用したら高額の利用料の請求が来た」というものです。ケータイでの出会い系サイトは「通信販売による情報提供サービス」に該当し、特定商取引法による通信販売に対する規制が及びます。

　したがって、画面上、①申込画面に有料であることが明示されている、②申込入力後に申込内容を確認できる画面がある、③間違って申し込んだ場合には訂正できる画面がある、の3点が必要です。これらがないために勘違いして利用してしまった場合には、電子契約法により、契約は不成立か錯誤により無効（2020年4月以降に締結した契約は取消しできる。2017年改正民法による）で、契約に基づく支払義務はありません。

◆有料とわかって利用した場合の延滞金

　質問のケースでは、有料であること、利用料金がいくらかということ、などについて勘違いはなく、納得して利用したということですから、契約は有効に成立しています。契約で決まっている利用料金を支払期日までに支払う義務があります。

　問題は、支払期限に遅れた場合に、契約で決められていた「調査料5万円と1日当たり1万円の延滞金」を支払わなければならないのか、という点です。

　消費者契約法では、消費者が支払うべき日までに支払わず延滞した場合の遅

延損害金は，名目のいかんをとわず，その合計額が支払いを怠った元本金額に対して年利14.6%を上限と定めています。これを超えて決められていたとしても，超えた部分の延滞金の定めは無効です。

◆調査料も遅延損害金の一部

　質問のケースでは，支払うべきだった元金は利用料金の5,000円です。したがって，消費者が支払わなければならない金額は，5,000円とこれに対する支払いを遅れてしまった期日，このケースでは1ヵ月分の遅延損害金です。年利14.6%で日割り計算して算出した金額を支払えばよいことになります。遅延損害金は，「$5,000円 \times 14.6\% \times \frac{31}{365}$」という計算になります。

　1日当たり1万円の延滞金は，法外な定めであることは明白です。上記の金額を超える延滞金は支払う必要はありません。

　それでは「調査料5万円」はどうでしょうか。調査料というのはどういう調査のためのものなのか，その意味がよくわかりません。事業者によって，様々な説明をするようですが，いずれにしてもこの「調査料」名目の金銭は，本来消費者が支払うべきだった元金の支払いを怠ったために請求されることになるものです。実質的には遅延損害金と同じ趣旨のものです。

　そこで，調査料についても同様に考えることになります。

　消費者が支払うべき金額は，5,000円と年利14.6%に基づいて日割り計算した遅延損害金の合計額ということになります。

10 遅延損害金③ ── 消費者金融からの借金

Q 消費者金融から50万円借りました。支払いが遅れた場合には，年利20%の延滞金を支払う内容になっています。消費者契約法では延滞金の上限は年利14.6%と定められているということですから，これは違法ではないですか。

A

◆消費者契約法の例外になる場合

消費者が契約で定められた金銭を支払期限に支払わなかった場合の遅延損害金の上限に関して，消費者契約法では年利14.6%と定めています。したがって，原則としては，消費者契約で消費者が支払うべき遅延損害金の割合の上限は，年利14.6%となります。これを超えた契約をしていても，超えた部分は無効です。

しかし，すべての消費者契約が同じ取扱いとなるわけではなく，例外があります。消費者契約法では，例外について「……消費者契約の条項の効力について民法及び商法以外の他の法律に別段の定めがあるときは，その定めるところによる」と定めています（11条2項）。

したがって，民法・商法以外の法律で，遅延損害金について定めを設けている場合には，その法律の定めによることになります。

◆金銭消費貸借と利息制限法

借金，つまり金銭消費貸借契約の場合には，利息や遅延損害金に関する民事ルールとして「利息制限法」があります。利息制限法は，消費者が借金する場合だけでなく，すべての借金（金銭消費貸借契約）に適用されます。

利息制限法では，貸金の利息について次のように規制しています。利息とは，借金した場合に元金を返すまでの期間に対して生ずるものです。つまり，「現金を借りるための対価」と考えられます。下記の規制を超える金利の約束をした

場合でも，規制金利を超える部分は無効とされるので，超えた部分については支払義務はありません。

　　元金が10万円未満の場合　　　年利20％
　　元金が10万円以上，100万円未満の場合　　年利18％
　　元金が100万円以上の場合　　　年利15％

◆利息制限法による遅延損害金の規制

　利息制限法では，遅延損害金については，「利息の1.46倍」を上限と定めています。遅延損害金とは，返済期限に返済しなかった場合に，貸主に対して支払う損害賠償金額を意味します。つまり，約束違反による違約金ということです。

　借り入れた元金が10万円未満であれば，年利20％の1.46倍
　10万円以上，100万円未満であれば，年利18％の1.46倍
　100万円以上であれば，年利15％の1.46倍
が上限となります。

　したがって，元金50万円の金銭消費貸借であれば，利息制限法に基づく遅延損害金の上限は，年利18％の1.46倍の26.28％が上限になります。

◆消費者金融のとき

　ただし，利息制限法では，営業的金銭消費貸借の場合の遅延損害金については，年2割を上限と定め，これを超過する部分については無効としています。

　消費者金融業者は営業として金銭の貸付をしているので，遅延損害金の上限は年2割となります。

　質問のケースでは，業者は利息制限法を守っており，有効です。

11 遅延損害金④ ── 貸金業者との和解

Q 消費者金融業者から50万円借金したところ、返済困難になりました。業者と話し合いをして、自分で支払える条件で支払う分割支払いの和解をしました。和解では、事業者の要求で遅延損害金について年利20％と定めました。消費者契約法の年利14.6％が上限なのではないでしょうか。

A

◆金銭消費貸借契約の場合の例外

　前問で金銭消費貸借契約の場合の遅延損害金の規制については、利息制限法によることを説明しました。利息制限法によれば、元本50万円の借金の場合には、遅延損害金の上限は20％が上限になります。年利についての詳しい説明は前問を参考にしてください。

◆利息制限法の規制内容

　問題は、借金の支払条件について改めて和解をした場合の遅延損害金の上限は、金銭消費貸借契約に関する利息制限法によるのか、消費者契約法によるのか、という問題です。

　消費者契約法では、例外について「……消費者契約の条項の効力について民法及び商法以外の他の法律に別段の定めがあるときは、その定めるところによる」と定めています（11条2項）。

　利息制限法では、賠償額予定の制限について、「金銭を目的とする消費貸借上の債務の不履行による賠償額の予定は、その賠償額の元本に対する割合が第1条第1項に規定する率（利息についての制限利率のこと）の1.46倍を超えるときは、その超過部分につき無効とする」と定めています。さらに、営業的金銭消費貸借の場合には、年2割を上限とするものとし、これを超える部分は無効と定めています。

　利息制限法の規制の範囲は、「金銭を目的とする消費貸借上の債務の不履行」

に関するものになります。

◆借金の和解契約の場合

　一方，質問のケースでは，借金＝金銭消費貸借契約そのものの遅延損害金が問題となっているわけではありません。

　借金が契約どおりの返済方法では返済できなくなったために，改めて，消費者が支払可能な返済条件で支払う内容の和解契約を締結したもので，和解契約に関する遅延損害金の割合が問題となっています。

　この場合には，もともとが借金（金銭消費貸借契約）の返済に関する問題だったのだから，もともとの金銭消費貸借契約をベースに考えるのか，新たに締結した和解契約は，法律的には，もとの金銭消費貸借契約とは別の契約なので和解契約をベースに考えるのか，ということが問題となります。

　同じ趣旨の事件で裁判になったケースについて，裁判所は，和解契約ともとの金銭消費貸借契約とは別個の契約であること，利息制限法の規定は厳格に解釈すべきであること，そうすると，和解契約は「金銭を目的とする消費貸借」そのものには該当しないことなどを根拠に，消費者契約法によるものと判断しました。一方で，元の契約を基準に考えるべきであるとして，利息制限法による年20％が上限であると判断した裁判例もあります。

　いずれも下級審の判断で，最高裁判決はありません。裁判実務でも見解が分かれた状況となっています。

12 遅延損害金⑤──クレジット

Q クレジットカードの遅延損害金の定めが複雑でよくわかりません。単純にすべて年利14.6％となっていないのには，何か理由があるのでしょうか。

A

◆消費者契約法とクレジット

　消費者契約法では，例外として「……消費者契約の条項の効力について民法及び商法以外の他の法律に別段の定めがあるときは，その定めるところによる」と定めています（11条2項）。

　個別クレジット契約やクレジットカードの場合には，その一部の取引については「割賦販売法」の規制があります。そのため，個別クレジット契約やクレジットカードの取引（これらをまとめて「クレジット関係の取引」ということにします）で，割賦販売法の適用を受ける範囲の取引については，割賦販売法の遅延損害金に関する規制を受けることになります。クレジット関係の取引でも，割賦販売法の適用がない取引の場合には，消費者契約法の遅延損害金の上限の規制を受けることになります。

◆割賦販売法の適用を受けるクレジット

　割賦販売法は，「2月を超える支払い」条件のクレジットカード（ショッピングに利用する場合）や個別クレジット契約であれば適用対象となります。

　ただし，一般的に最も多く利用されている「翌月一括払い（マンスリークリア方式）」のクレジットカード等には割賦販売法の適用はありません。したがって，マンスリークリア方式のクレジットカードの場合には，遅延損害金の上限は，消費者契約法による「支払うべき元本」の年利14.6％ということになります。この場合の「支払うべき元本」とは，ショッピングの場合には，商品の現金販売価格ということになります。また，クレジットカードのキャッシン

グ機能（現金を借りる機能）の部分の遅延損害金は金銭消費貸借であることから，利息制限法による年2割が上限です（Q10参照）。

◆**割賦販売法の遅延損害金規制**

割賦販売法による遅延損害金の規制は，「割賦販売価格のうちの未払い金額合計額に対する法定利率」を上限とする，というものです。

クレジット会社は法人であることが必要とされています。つまり，株式会社がほとんどです。株式会社には商法の適用があるため，法定利率は商法上の法定利率年利6％です（商法514条）（ちなみに，民法の法定利率は年利5％です。民法404条）。

したがって，割賦販売法による遅延損害金の上限は
① 割賦販売価格の残額に対する
② 年利6％
ということになります。

なお，2017年改正民法により，2020年4月以降に結んだ契約からは，法定利率は年3％になります。商法の規定は削除されるので，年3％に統一されます。

クレジット関係の取引については，全体を統一的に規制する法律ルールはありません。支払条件によって規制が異なっています。そのため，遅延損害金に関する規制も別々になっています。

クレジットカードは，1枚のカードを発行してもらった場合にも，分割払い，リボルビング払い，翌月一括払いなどいろいろな支払方法が選択できるタイプのものが普通です。その結果，事業者が，契約条件を規制する法律にそってギリギリの上限まで遅延損害金を消費者に負担させようとすることもあって，契約条項は複雑な内容になっているわけです。

法律規制のうち，もっとも低い割合の遅延損害金に一律にそろえるようにすれば，このような不整合で複雑なことにはならないのですが，実際にはなかなか難しいようです。

13 損害賠償の予約① ── 私立大学の学納金

Q 私立大学に合格し入学手続きをして入学金・授業料などを支払いました。その後，公立大学に合格したので私立大学には入学辞退の連絡をしましたが，いったん支払った学納金は一切返還しないと言われました。新学期も始まっていないのに納得できません。

A

◆問題の所在

　私立大学や専門学校で，受験に合格した学生が入学手続きをして納付したお金はいかなる事情があっても一切返還しないという取扱いは，かつては一般的なものでした。多くの受験生は複数の大学を受験し，国公立の合格発表よりも先に合格発表と入学手続期限を設定している私立大学に入学手続きをするケースが多く見られました。浪人を避けるための滑り止めが，典型的なものです。

　その後に国公立に合格し私立大学には入学辞退しても学納金の返金はされませんでした。いったん納めた学納金が一切戻ってこないという取決めは，入学すらしないのになぜ全く返金されないのかという点から，受験生にとっては納得できないものでした。しかし，民法上公序良俗に反するから無効と主張して争った学生側の言い分は認められませんでした。裁判所の理屈は「契約自由の原則」というルールによれば「約定を承知の上で手続きしており合意は成立している」，また合意の内容となっているその約定は公序良俗に反するとまではいえないので，有効であるというものでした。

◆消費者契約法導入による問題提起

　しかし，私立大学と受験生とは，対等な立場にはありません。いったん納めた学納金を一切返還しないという約定は学校が一方的に決めたものである上に，受験生には大変不利な内容です。

　そのため，消費者契約法施行後に，全国各地で私立大学を相手に学納金の返

還を求める訴訟が相次ぎました。大学側が定めた学納金を返還しないという約定は不当条項であるとする主張を根拠にするものでした。

これらの訴訟では，下記にあげる複数の論点について争われました。

① 入学契約は消費者契約か。
② 入学契約は準委任契約か。
③ 学納金を返還しないとする特約は不当条項か。不当条項とすれば，学生の入学辞退に伴う取扱いについてはどのように処理すべきか。
④ 入学式以前の入学辞退と，入学式以後の退学とでは違いはあるか。
⑤ 大学側が入学辞退のために書式を指定している場合に，大学の指示に従わない入学辞退の連絡をした場合には，どのように処理すべきか。
⑥ 通常の入試ではなく，必ず入学するとの前提で早い時期に入学が決定しているAO入試や推薦入試の場合には，どうか。

などです。これらについては，最高裁判所によって判断がなされています。

以下，論点ごとに簡単に結論を紹介しましょう。

◆入学契約は消費者契約か

大学によっては，「入学契約は消費者契約ではない」と主張していました。しかし，大学は法人であり，事業者に当たります。受験生は個人です。受験生が大学に入学するのは，事業のため，または事業として契約するわけではありませんから，消費者に当たります。

したがって，入学契約は消費者契約に該当します。

◆入学契約の法的性質

私立学校の入学契約では，入学した学生は授業料等を支払って教育サービスなどを受けます。この種の契約は民法上の準委任契約に該当するのでないかという点が争われました。準委任契約であれば，民法上の準委任契約の定めを基準にして不当条項かどうかを判断すればよいということになります。

最高裁判所の判断は，準委任契約ではなく，民法上は規定されていない無名契約であるというものでした。私立大学の入学契約は，単に教育サービスを受

けるだけではなく，研究機関である大学に所属してメンバーになる，という性格のものであるという点に着目したものです。

ただし，学生には教育を受ける権利があり，どこで教育を受けるかは学生に選択の自由がある，したがって，いったん入学契約を締結した場合でも入学契約を解除する権利があると判断しました。

◆学納金不返還特約と不当条項

消費者契約法では「当該消費者契約の解除に伴う損害賠償の額を予定し，または違約金を定める条項であって，これらを合算した額が，当該条項において設定された解除の事由，時期等の区分に応じ，当該消費者契約と同種の消費者契約の解除に伴い当該事業者に生ずべき平均的な損害の額を超えるもの」は，「平均的損害を超える部分は無効」であると定めています（9条1号）。

そこで，学納金の内容と学生の入学辞退により大学が被る平均的損害はあるのか，それはいくらなのかといった点が問題となりました。

学納金は大学によって様々です。共通のものが入学金と授業料です。大学によっては，そのほかに施設費用，寄付金など，様々な名目の納付金を定めていることがあります。

最高裁判所は，30万円前後の入学金については「入学できる地位を得るための対価」だから，返還する義務はないと判断しました。つまり，万が一国公立に合格しなかった場合にはその私立大学に入学できるという安心を得たわけで，その対価であるというわけです。

入学金以外の学納金は，学生が入学して大学から授業や施設利用など様々な教育サービスを受けるための対価なので，「平均的損害」を超えていれば無効であると指摘しました。

◆私立大学の平均的損害

最高裁判所は，私立大学や専門学校などでは，私立学校法に基づいて学生の数や補助金が定められていることに着目しました。私立学校法に基づく規制があるために，私立大学や専門学校などでは，合格者から辞退者が出た場合を想

定して補欠合格という制度を設けていることが一般的です。3月の段階で入学辞退があれば補欠合格から合格に繰り入れて，定員割れを起こさないように配慮しているわけです。

したがって，3月の段階での入学辞退による学校側の損害はないはず，という考え方を取り，入学金を除いた学納金を返還するよう命じました。

◆推薦入試などの特別な扱いの場合

以上のような考え方によるので，AO入試や推薦入試などで，通常の入試以前に「一次志望であり，合格すれば必ず入学する」との前提で，通常の入試以前に合格通知をもらっている場合には，全額が損害になるのでいったん納付された学納金を返還する必要はないと判断しました。

補欠合格を想定していないので，その部分が損害となること，必ず入学するとの前提で納得している以上，一方的に消費者に不利とは言えない，などという理由です。

◆4月以降の入学辞退

入学辞退が4月以降の場合にも，原則として学納金を返還する義務はないと判断しました。

4月以降に入学辞退があっても，補欠合格で穴埋めすることはできません。結局，もし辞退者が出てしまえばその部分が学校の損害になる，という考え方です。

◆辞退手続きについて

学生の入学辞退の手続方法が大学の指定した書式によるものではない場合には入学辞退とは認めないとする大学側の取扱いについては，最高裁判所は，入学を辞退する意図（入学契約を解除する意思）が大学に伝えられていればよい，と判断しました。大学が決めた様式に従わなかったから学納金を返還しないとする言い分は認めませんでした。

◆平均的損害の証明責任

　平均的損害を証明する責任が大学にあるか，学生にあるのかについても争いとなっていました。最高裁判所は，「不当条項であるから無効である」と主張する学生の側に「平均的損害を超えること」を証明する責任があると判断しました。

◆専門学校など

　私立大学のほか，専門学校の入試でも同様の問題があります。判例では，大学との併願の可能性がある場合には，専門学校等の通常入試による入学契約も同様の考え方をとるとしています。

14 損害賠償の予約② —— 冠婚葬祭互助会の解約料

Q 冠婚葬祭互助会の契約をし、2ヵ月後に契約を解除しました。すると、互助会から契約条項の「解約料は一律契約合計金額の2割」を根拠に解約料を請求してきました。何もしてもらっていないのに不当だと思いますが、支払わなくてはなりませんか。

A

◆冠婚葬祭互助会とは

　冠婚葬祭互助会とは、将来必要になった場合にお葬式や結婚式のサービスの提供を受けることをあらかじめ契約し、その契約金額を2ヵ月以上にわたり3回以上に分割して支払うという内容の契約です。

　冠婚葬祭互助会は、割賦販売法で前払式特定取引として規制し、開業するためには許可が必要で、営業所の数に応じて営業保証金の供託義務があり、前払金の保全措置（倒産した場合にも、消費者には支払金額の2分の1は返金されるようにするための制度）が義務付けられています。契約条項も許可の条件になっていますが、中途解除の際の解約料についての規制はありません。かつては、中途解除を認めない業者もありましたが、現在では、中途解除を認める条項を使用することが許可の要件となっているので、約款上で中途解約ができないケースはないようです。

◆問題の所在

　冠婚葬祭互助会契約では、一旦契約をしたのちに中途解除をするケースが少なくありません。また、契約をした本人が死亡し、その本人は自分の葬儀のために契約したのに、遺族が互助会を利用しないケースもあります。

　冠婚葬祭互助会は、将来必要になった時に葬儀や結婚式を行う際のサービス提供契約ですから、葬儀などを実施しないで契約を解除した場合の適切な清算はどうあるべきか、が問題になります。多くの互助会業者は、契約条項であら

かじめ契約金額の○割などと定めていることが少なくないため，この定めが平均的損害を超えているかどうかが問題となるわけです。

◆京都消費者契約ネットワークの差止訴訟

冠婚葬祭互助会Ｃ社の使用している契約条項の解除した場合の解約料の定めが9条1号の平均的損害を超えるものであるとして，適格消費者団体である京都消費者契約ネットワークが起こした裁判では，平均的損害を超えているとして差止めを認めました。その考え方は概要下記のように整理できます。

・この業者の冠婚葬祭契約では，実際に葬儀を行う場合には冠婚葬祭互助会契約で約束したサービスに別途のサービスを追加して利用するのが通常となっていること（つまり，冠婚葬祭互助会契約の内容だけでは，もともと十分な葬儀ができない，ということ）。
・この業者の収益は，追加のサービス契約によるものであると認められること。
・したがって，葬儀を実施した場合に得られるであろう利益は「平均的損害」には含まれない。
・平均的損害に含まれるものは「毎月の掛け金の銀行等の自動振替に実際にかかった費用と会報などの郵送をしている場合には郵送料の合計金額」である。

というものでした。

◆判決のポイント

契約に基づく履行がなされたならば事業者が得ることができたはずの利益，逆の言い方をすれば，消費者が途中解約されたことによって事業者が儲けそこなった利益（逸失利益）は平均的損害に含まれないとした点がこの判決の最も大きなポイントと言ってよいでしょう。

15 損害賠償の予約③——「逸失利益」をめぐって

Q 損害賠償の予約条項について平均的損害を超えているかどうかが問題となるケースには，ほかにはどんなものがありますか。

A

◆裁判例に見る事案

これまで契約の解除に伴う違約金条項などが「平均的損害を超えているか」問題となったケースとしては，様々なものがあります。いくつか挙げると次のような事例がありました。

・新古車や中古車の販売に関する商品の引渡し前の解除
・リフォーム工事の中途解除
・飲食店とのパーティーの予約のキャンセル
・学生サークルの合宿の予約のキャンセル
・携帯電話の2年間契約の中途解除のキャンセル条項
・結婚式場の予約のキャンセル

など

◆大きな論点Ⅰ——証明責任

平均的損害を超えるかどうかを検討する際の，大きな問題は「当該条項において設定された解除の事由，時期等の区分に応じ，当該消費者契約と同種の消費者契約の解除に伴い当該事業者に生ずべき平均的な損害」には「逸失利益」が含まれるかということと，平均的損害の証明責任はどちらが負担するかという問題です。

証明責任については，私立大学の学納金返還訴訟において最高裁は「平均的損害を超える部分は無効と主張する側」つまり消費者が証明すべきだと判断しました。十分な証拠がないため判断ができない場合には，証明責任を負う消費者が負けるということになります。相手方である事業者がどんな損害を被るこ

とになるかということは，事業者内部の問題です。消費者には，事業者の内部事情はわからないことが通常ですし，事業者内部の資料を消費者が入手するのは手段もなく，ほとんど困難です。これでは，一方的に自分に都合がよい条項を決めてしまった事業者の「決めた者勝ち」になってしまいかねません。

ただし，裁判実務では，事業者側にも資料を提出するように促し，非協力的な場合には事実上の推定をするなどして消費者側の証明責任の軽減を図っているのが実情です。ただ，立法でこの点については明確化する必要があると思われます。

◆大きな論点II ── 逸失利益

第二の大きな論点は，逸失利益の問題です。最後まで履行されれば事業者が得られたはずの利益が，顧客が途中でキャンセルしたために得られなくなるのはおかしいのか，という論点です。

消費者側から見れば，商品やサービスの提供を受けていない段階であれば，事業者が利益を得られなくても当然ではないか，と思えます。一方，事業者側からすれば，契約が取れて「儲けが確保できた」と期待したのに，客に途中で逃げられて期待した利益まで得られなくなるのは納得できない，ということになります。

民法では，委任や準委任・賃貸借などの契約を除けば，「契約は守る」のが原則とされ，契約が成立すればそこから得られる利益を期待するのは当然のことである，ともいえそうです。契約当事者が対等ではない格差がある消費者契約の場合に，この点をどう考えるべきかという問題のように思われます。

この点について，携帯電話・結婚式場などのキャンセルをめぐる事件では，平均的損害には逸失利益も含まれるとする高裁判決が相次いで確定しています。これらのいずれの事件でも，最高裁は消費者側からの上告を受け付けませんでした。

その結果，1年以上先の結婚式場の予約をして，直後にキャンセルした場合であっても20万円などの高額の違約金を支払わなければならないという約定が

有効ということになりました（ただし「当該事業者の場合は…」ということに留まりますから、結婚式場の予約のすべてで、というわけではありませんが）。たった1日だけで、事業者が何もしていなくても、逸失利益は平均的損害に含まれる可能性がある、ということです。ただし、消費者がキャンセルすることによって事業者が負担を免れたり、新たな利益を得ることができた場合には、減額される要素になります。

　このような、消費者から見た場合に合理性が欠けると感じるのも無理はないという問題点についても、消費者契約法の今後の見直しにおいて検討されることが望まれます。

◆解除の性格を考えると
　また、準委任契約類似の契約は、民法では、「いつでも将来に向かって解除できる」のがデフォルトルールとされています。この場合にも同様に逸失利益が平均的損害に含まれないと考えるのが民法のデフォルトルールをふまえた合理的な考え方のように思われます。

　このように「契約の解除」にもいろいろなタイプのものがあるので、一律に扱うのは無理があるのではないでしょうか。

16　損害賠償の予約④──英会話スクール

> Q　1年間の契約で英会話スクールの契約をしました。1年間分の受講料は支払い済です。数ヵ月通った段階で仕事の都合で通えなくなりました。スクールに申し出たところ，支払い済みの受講料は返還できないと言われました。半分以上は受講していないので返還してもらいたいのですが，無理でしょうか。

A

◆中途解約と返金ルール

　継続的なサービス契約に関する中途解約をめぐる問題です。継続的サービスでは，仕事の都合・家庭の都合・健康状態・経済事情・サービス内容への不満など様々な理由で契約期間の途中で解約したくなる場合がありえます。ところが，継続的サービス取引の中には，いったん支払った金銭は一切返還しないとか，中途解約した場合の違約金が高いといったケースが見受けられます。質問のケースも，「いったん支払った金銭は，事情のいかんを問わず一切返還しない」との規定が定められていました。

　このような場合にはどう考えるべきなのでしょうか。

　消費者契約法では不当条項の一例として，契約解除に伴う違約金の定めについての制度を設け，次のように定めています。

　「当該消費者契約の解除に伴う損害賠償の額を予定し，又は違約金を定める条項であって，これらを合算した額が，当該条項において設定された解除の事由，時期等の区分に応じ，当該消費者契約と同種の消費者契約の解除に伴い当該事業者に生ずべき平均的な損害の額を超えるもの　当該超える部分」は無効とする（9条1号）。

　したがって，中途解約の場合にも一切返還しないという約定は当然有効ということにはなりません。

　消費者が契約を解除した事情，解除した時期などの区分によって，その事業

者が，同じ事象によって被る平均的損害の限度でしか認められず，その平均的損害を超える契約条項を定めている場合には，平均的損害を超える部分は無効とされます。

　支払い済みの金銭を一切返還しないというのは，支払い済みの金銭から提供済みのサービスの対価を差し引いた金額は「違約金」として取得するという意味になります。したがって，この違約金部分が，その事業者の平均的損害を超えているか，超えているとすればそれはいくらかが問題となります。

◆英会話スクールと特定商取引法

　ところで，消費者契約法では，「……消費者契約の条項の効力について民法及び商法以外の他の法律に別段の定めがあるときは，その定めるところによる」と定めています（11条2項）。特別法による定めがある場合には，その法律によることになっています。

　契約期間が2ヵ月を超え，契約金額が5万円を超える英会話スクールについては，特定商取引法で規制する「特定継続的役務提供」にあたるので，同法による規制が及びます。英会話スクールについて，契約期間内の消費者からの中途解約権と，中途解約の場合の清算ルールを定めています（同法49条）。

　中途解約した場合に消費者が事業者に支払わなければならないのは
　① 提供済みのサービスの対価（契約締結時の単価による計算を上限とする）
　② 解約手数料。その上限については5万円か，まだ提供されていない残りの役務の対価の2割のいずれか低い金額

の合計額です。

◆その他の特定商取引法による中途解約清算ルール

　特定商取引法では，外国語会話教室，家庭教師，学習指導，エステティックサービス，パソコンスクール，結婚相手紹介サービス，美容医療の7種類について中途解約の場合の清算ルールについて規制しています。

　それ以外の継続的サービス取引の中途解約の場合には消費者契約法により，「事業者の被る平均的損害」を超える部分が無効となります。

17 消費者の解除権を放棄させる条項

Q 消費者の解除権を放棄させる条項は無効ということですが，具体的にはどんな条項がありますか。

A

◆2016年改正法にて導入

2016年改正で，「消費者の解除権を放棄させる条項」を不当条項として無効であることを明記する規定を設けました（8条の2）。

具体的には，下記の2つの場合です。

一　事業者の債務不履行により生じた消費者の解除権を放棄させる条項

二　消費者が有償契約である場合において，当該消費者契約の目的物に隠れた瑕疵があること（当該消費者契約が請負契約である場合には，当該消費者契約の仕事の目的物に瑕疵があること）により生じた消費者の解除権を放棄させる条項

さらに，2018年改正で，解除権の有無を事業者が決めることができる条項も無効と定めました（巻末の資料参照）。

◆具体例

具体例としては，「いかなる事由があっても契約の解除はできません」などの特約条項が考えられます。

また，事業者に債務不履行があったり，商品に「かくれた瑕疵」があっても，解除は一切認めないといった趣旨の条項も該当すると考えられます。

◆民法改正との関係

2017年改正民法で瑕疵担保責任の規定が改正されました。改正法では，引き渡された目的物が契約の内容に適合せず，追完や代金の減額をせず，契約した意味がないときには解除できるものとしています。

つまり，債務不履行責任に一本化したわけです。そこで，消費者契約法も改

正し，上記二（8条の2第2号）を削除しました。

　2020年4月以降に結んだ契約は改正法によることになります。

18 後見開始の審判等を解除条件とする条項

Q 2018年の消費者契約法改正で追加された，後見開始の審判等を解除事由とする条項は無効とするという制度は，どのような事情から導入されたのですか。また，具体的にはどのような条項が無効とされるのですか。

A

◆改正された事情

　高齢社会を迎え高齢者人口が増加しています。高齢者の中には認知症等による判断力低下のため，民法上の支援制度である成年後見制度・保佐制度・補助制度などを利用する人も増えつつあります。これらの制度は，判断力が低下した人も，残された能力を十分活用して人間らしい生活を送ることができるようにとのノーマライゼーションの思想のもとに，判断力低下への支援制度として2000年に設けられたものです。

　ところが，これらの制度を利用するために家庭裁判所の審判を受けた場合には，当然に契約を解除する条項を設けている事業者がいます。たとえば，住まいの賃貸借契約や情報通信サービスなどで設けている場合があるようです。

　住まいの賃貸借契約で，賃借人である消費者が，成年後見制度を利用しようとして後見開始の審判を受けた場合には，賃貸人から，契約条項を理由に契約を解除して明渡しを求められる可能性があるわけです。こうなると，高齢者は認知症などにより判断力が低下しても，自分を支援して判断力低下をカバーしてもらうための制度を利用できなくなる可能性があります。成年後見制度などを利用すれば，賃貸借契約を解除されて追い出されてしまうかもしれないという心配があります。

　このような不当な現実に対処する必要があるために，新たに不当条項として明確化されました。

◆法律上の要件

不当条項に該当するためには下記の要件を満たしていることが必要です。
① 事業者に対し,
② 消費者が後見開始,保佐開始又は補助開始の審判を受けたことのみを理由とする解除権を付与する
③ 消費者契約の条項
④ ただし,消費者が事業者に対し物品,権利,役務その他の消費者契約の目的となるものを提供することとされているものを除く。

◆具体的な事例

具体的な事例としては,消費者が住まいとして賃貸住宅を借りている賃貸借契約などが典型的です。成年後見開始の審判・保佐開始の審判・補助開始の審判を受けたことをのみを契約の解除事由として定めていたとしても,その契約条項は無効です。開始の審判を受けたことのみを理由とし契約を解除して明渡しを求めることはできません。

賃貸住宅の契約だけではなく,その他のサービス取引や販売契約でも同様です。成年後見開始の審判・保佐開始の審判・補助開始の審判を受けたことのみを契約の解除事由として定めていたとしても,その契約条項は無効です。この条項に基づいて,事業者から一方的に契約を解除することはできません。

◆例外事由

この規定の例外として,「消費者が事業者に対し物品,権利,役務その他の消費者契約の目的となるものを提供することとされているものを除く」と定められています。例外規定の適用がある契約については,成年後見開始の審判・保佐開始の審判・補助開始の審判を受けたことのみを契約の解除事由として定めていれば,この規定は有効であり,事業者から契約解除ができるということです。また,消費者からも契約解除ができることになります。

具体的には,消費者が,買取事業者に不用品などを買い取ってもらった場合などが考えられます。

19　一般条項①

Q 一般条項の規定はなぜ定められているのですか。具体的にはどんな条項が問題となっていますか。

A

◆一般条項の存在する意味

　不当条項として無効とされるものについては，8条（事業者の損害賠償責任を免除する条項），9条（消費者の損害賠償責任を加重する条項），2016年改正法では8条の2（消費者の解除権を放棄させる条項），2018年改正で8条の3（後見開始の審判等を解除事由とする条項）が定められています。しかし，不当条項に該当する条項がすべて網羅されているわけではありません。そこで，上記に明記されていない条項であっても，一般の法令で任意規定として定められていたり成文法ではなくても慣習法といってもよいルールに反して一方的に消費者に不利な条項についても不当条項とする旨の定めを設けています。

◆一般条項の考え方

　一般条項による不当条項に該当するためには，2つの要件を満たす必要があります。

　第1の要件は，民法等の任意規定（慣習など条文がない民事ルールの一般原則も含む）と比較した場合には，事業者の設けている特約条項が消費者に不利であることです。

　第2の要件は，不利な程度が民法1条2項に反することです。民法1条2項とは，「信義誠実の原則」を意味します。

　民法等の任意規定を基本的なモノサシとして考え（デフォルトルールとして扱うということ），このモノサシを当てはめて考えた場合に，モノサシの基準から大きく外れて消費者に不利益である場合，ということになります。

◆一般条項該当性が問題となった事例

一般条項に該当するとして争われた事例としては賃貸住宅に関する
- いわゆる敷引き特約
- 修繕補修金（家賃とは別に，修繕補修金を毎月負担させる契約）
- 更新料の定め
- 礼金の定め

などがあります。敷引き特約・更新料の定めについてはＱ21～22に詳しく紹介しています。

賃貸住宅のほかには，生命保険契約の保険料の不払いがあった場合には当然に契約解除となる無催告解除特約の事例があります。民法では，支払期限が来ても支払われない場合（履行遅滞の場合）には，合理的な催告期間をおいて催告し，催告期間内に支払いがない場合には債務不履行解除ができる催告解除の任意規定を定めています。生命保険契約の無催告解除特約は，民法の債務不履行解除に関する任意規定にくらべて消費者に不利な内容となっています。

しかも，生命保険契約では，契約が解除されてしまい，改めて契約しようとすると以前に契約した場合よりも年齢的にも健康状態も条件が悪くなっているため，消費者にとって大きな不利益となります。場合によっては，新規の生命保険契約ができない場合もありえます。

このケースは，差止め訴訟ではなく，契約を解除された消費者と保険会社との間で争われましたが，最高裁判所は「現実には，約定通りではなく文書での催告を行っている」ことから，信義誠実の原則とに反するとまではいえないとして，この条項は不当条項ではないと判断しました。

このようにこれまでの事例では，前段の要件は満たしているとしつつ，後段の信義誠実の原則を調整要素に使って，不当条項とは認めない結果が続いています。

20 一般条項② —— 消費者の不作為の扱い

Q 消費者の不作為をもって消費者の新たな契約の意思表示とみなす条項とは，具体的にはどんな条項ですか。また，そのような条項はすべて無効なのですか。

A

◆改正の内容

2016年改正では，10条の一般条項の規定に「消費者の不作為をもって当該消費者が新たな消費者契約の申込み又は承諾の意思表示とみなす条項…」を追加しました。従来の民法には，「申込みと承諾の一致により契約が成立する」という当たり前のルールは条文化されていませんでした（2017年民法改正で条文化された）。そこで，不当条項の第1要件が「条文」があるものだけには限らない例示として，この追加規定が設けられたものです。不当条項の第2要件として，さらにこの条項が「民法1条2項（信義誠実の原則）に規定する基本原則に反して消費者の利益を一方的に害するもの」である場合には，無効とされます。

「消費者の不作為をもって当該消費者が新たな消費者契約の申込み又は承諾の意思表示とみなす条項」であれば，すべて不当条項として無効である，というわけではありません。

◆意思表示とは何か

「消費者の不作為をもって当該消費者が新たな消費者契約の申込み又は承諾の意思表示とみなす」とは，消費者が，相手の事業者に対してなんらの意思表示をしなかった場合には，新たな契約の申込の意思表示をしたものとして扱う，という意味です。

意思表示とは，たとえば「この商品を○○円で買いたい」という法的効果の生ずることを心の中で考え(内心的効果意思，あるいは内心の意思)，これを相手方の事業者に伝えようと考え(表示意思)，相手に対して自分の考え(内心的

効果意思）を伝える行為をする（表示行為），ということを意味します。つまり，事業者が販売しているあの商品を買いたいなと考えて，それを相手の事業者につたえる，つまり注文する，ということを意味します。

◆具体例

　この規定は，ある事業者Aと消費者Bとの間になんらかの契約が成立しており，その契約の条項の中に「消費者が何もしなかった場合には，本件契約とは別の新たな契約をする意思表示をしたものとして扱う」という趣旨の条項がある場合を指しているものです。

　この種の契約条項があって問題が起こるケースとして，通信販売の健康食品の売買契約があります。

　消費者Bが販売業者Aの「ただいまキャンペーン期間中。特別価格で販売しています。」などの広告で，通常の販売価格よりも格安で購入できると表示しています。この広告を見たBは，「格安で購入できるなら1個買ってみよう」と考えて注文します。ところが，契約条項をよく確認してみると「商品が届いてから〇日以内に，今後は契約しない旨の通知をしない場合には，半年間××円で定期購入するものとして扱う。」との定めがあります。ところが，消費者Bは，契約条項をよく確認しないで契約してしまうことが少なくなく，「ためしに1個買ってみただけ。単純に1個の商品の購入をしただけ。」という認識でいるため，Aに対してとくに何の連絡もしません。すると，Aからは翌月から毎月商品が送られてきて，割引の格安価格ではなく，高価な通常価格の売買代金を請求してきます。消費者Bは，最初の格安価格の1つだけしか注文していないので苦情を申し出ますが，Aは，契約条項を根拠に，「Bから今後は購入しない旨の連絡がなかったから定期購入契約が成立している」と主張してきます。

◆どのように考えるか

　このような特約条項が，「消費者の不作為をもって当該消費者が新たな消費者契約の申込み又は承諾の意思表示とみなす条項」に該当すると考えられます。

　ただし，ただちに不当条項として無効であるとはいえません。不当条項とし

て無効となるためには，さらに，この条項が，第2の要件である「民法1条2項（信義誠実の原則）に規定する基本原則に反して消費者の利益を一方的に害するもの」であるという要件を満たしていることが必要だからです。

　立法化を検討していた消費者委員会消費者契約法専門調査会では，該当例として，甲という商品の売買契約を締結したところ，まったく無関係な乙という商品の購入に関して「消費者の不作為をもって当該消費者が新たな消費者契約の申込み又は承諾の意思表示とみなす条項」が定められているような事例を挙げています。

　あるいは，契約条項の内容を消費者が容易に確認できないような設定になっている場合なども該当する可能性があると考えられます。

21 一般条項③ —— 敷金が戻らない

Q 住まいとしてマンションを借りていました。転居して明け渡したのですが，敷金が返還されません。賃貸人に返還を求めたら「契約書に，敷金は返還しない」と定めてあるから返還しないといわれました。契約書を確認したら，そう書いてありました。しかたがないのでしょうか。

A ....

◆敷金の法的性質

賃貸住宅の契約では，地域にもよりますが，多くの地域で家賃の1～2ヵ月分の敷金を取ることが一般的です。この敷金とはどういう意味のものでしょうか。

建物の賃貸借契約は数年間などの長期間にわたることが普通です。その間には，家賃の滞納や賃借人の落ち度で建物の修理が必要になるなどの可能性がありえます。そこで，上記のような場合に備えて，賃貸人が賃借人が将来負担するかもしれない金銭債務の担保として預かるものが敷金です。

したがって，家賃の未払いや賃借人の不注意による修理の必要性などがなければ，建物の退去に伴って敷金は返還されるべきものです。

◆敷金を返還しない特約

しかし，現実には敷金が返還されないというトラブルは少なくありません。そのうちの1つのパターンとして，契約書に「敷金は返還しない」と定めている場合があります。

もともとは，敷金は賃借人の債務の担保なので，賃借人に金銭債務が残っていなければ全額返還されるべきものです。それを返還しないと契約条項で定めておくことは，消費者にとって不利な条項です。では，このような条項は消費者契約法により不当条項として無効だといえるでしょうか。

◆消費者契約法の一般条項

　消費者契約法では，不当条項について，「…法令中の公の秩序に関しない規定の適用による場合に比して消費者の権利を制限し又は消費者の義務を加重する消費者契約の条項であって，民法第1条第2項に規定する基本原則に反して消費者の利益を一方的に害するものは，無効とする。」と定めています（10条）。

　これまで取り上げてきた事業者の免責条項や消費者の損害賠償責任を加重する条項以外にも，上記の条件をすべて満たしていれば，不当条項として無効になるという一般条項をおいているわけです。「公の秩序に関しない規定」というのは，いわゆる任意規定を指します。民法では，任意規定については契約当事者間で任意規定とは異なる合意をした場合には合意が優先されます。しかし，消費者契約の場合には，任意規定に反する合意がなされていても，一方的に消費者の利益を害するものと評価される場合には無効となり，任意規定によって処理するとしているのです。

◆賃貸借契約の基本

　賃貸借契約とは，契約の目的に従って使用する対価として賃料を支払うという内容の契約です。使用することによる通常の損耗の範囲であれば賃料に含まれていると考えられます。それなのに，さらに敷金も返さないというのは，民法の賃貸借契約の基本的な考え方に反して，消費者の義務を加重するのではないかということが問題となります。

◆敷引き特約に関する最高裁判決

　関西には「敷引き」という扱いをする地域があります。「敷引き」とは，関東のように礼金などはとらないかわりに，家賃の6ヵ月分などのまとまった金額を敷金とか保証金名目で受け取り，契約終了後の退去時に一定割合を差し引いて残りを返還するというものです。敷金を返さない特約に似ていると言えば似ています。

　最高裁判所は，2011年に相次いで「敷引き」が消費者契約法による不当条項に該当するかどうかについて判断を示しました。概要を紹介しましょう。

(1) 消費者の責任を加重する条項か

　まず「消費者契約法10条は，消費者契約の条項が，民法等の法律の公の秩序に関しない規定，すなわち任意規定の適用による場合に比し，消費者の権利を制限し，又は消費者の義務を加重するものであることを要件としている」と指摘したうえで，「賃借物件の損耗の発生は，賃貸借という契約の本質上当然に予定されているものであるから，賃借人は，特約のない限り，通常損耗等についての原状回復義務を負わず，その補修費用を負担する義務も負わない。そうすると，賃借人に通常損耗等の補修費用を負担させる趣旨を含む本件特約は，任意規定の適用による場合に比し，消費者である賃借人の義務を加重するものというべきである」と判断しました。

(2) 信義誠実に反するか

　ついで，「消費者契約法10条は，消費者契約の条項が民法1条2項に規定する基本原則，すなわち信義則に反して消費者の利益を一方的に害するものであることを要件としている」と指摘したうえで，「賃貸借契約に敷引特約が付され，賃貸人が取得することになる金員（いわゆる敷引金）の額について契約書に明示されている場合には，賃借人は，賃料の額に加え，敷引金の額についても明確に認識した上で契約を締結するのであって，賃借人の負担については明確に合意されている。そして，通常損耗等の補修費用は，賃料にこれを含ませてその回収が図られているのが通常だとしても，これに充てるべき金員を敷引金として授受する旨の合意が成立している場合には，その反面において，上記補修費用が含まれないものとして賃料の額が合意されているとみるのが相当であって，敷引特約によって賃借人が上記補修費用を二重に負担するということはできない。また，上記補修費用に充てるために賃貸人が取得する金員を具体的な一定の額とすることは，通常損耗等の補修の要否やその費用の額をめぐる紛争を防止するといった観点から，あながち不合理なものとはいえず，敷引特約が信義則に反して賃借人の利益を一方的に害するものであると直ちにいうことはできない」

(3) 結論

そして，結論として「消費者契約である居住用建物の賃貸借契約に付された敷引特約は，当該建物に生ずる通常損耗等の補修費用として通常想定される額，賃料の額，礼金等他の一時金の授受の有無及びその額等に照らし，敷引金の額が高額に過ぎると評価すべきものである場合には，当該賃料が近傍同種の建物の賃料相場に比して大幅に低額であるなど特段の事情のない限り，信義則に反して消費者である賃借人の利益を一方的に害するものであって，消費者契約法10条により無効となると解するのが相当である」と判断しました。

◆判決の考え方の整理

上記の判決では，(1)民法の任意規定や常識的な取扱いから見て消費者に一方的に不利益であることと，(2)その条項が信義誠実に反するほど程度の重いものであること，の2つの条件を満たしていることが必要と整理しています。

そのうえで，(2)についての判断では，契約書に明記されているかどうか，その規定を盛り込んだ趣旨などから判断すべき，としています。

◆上記判決への批判

消費者契約では情報格差・交渉力格差があるために消費者には自由な選択権がなく不当な条項を押し付けられることから定められた制度です。契約書に明記されていれば消費者が納得しているはずで合理的と言った上記判決の考え方に対しては，消費者契約法の目的に添わないとの強い批判があります。

22　一般条項④——賃貸住宅の更新料

Q 賃貸マンションの契約で，契約期間がきて更新する場合に更新料を支払う条項が入っていました。賃貸契約で家賃以外の更新料の支払いを義務付けることは消費者の責任を加重する不当なものではありませんか。

A

　賃貸住宅の更新料の定めが消費者契約法の不当条項に該当するかどうかは，以前から問題となっていました。2011年7月に，更新料が消費者契約法の不当条項に該当するかどうか判断した最高裁判所判決が出されました。この判決を中心に紹介します。

◆更新料とは何か

　最高裁判所は，更新料について，従来の最高裁判決の考え方を踏襲し次のように判断しました。

　「期間が満了し，賃貸借契約を更新する際に，賃借人と賃貸人との間で授受される金員である。これがいかなる性質を有するかは，賃貸借契約成立前後の当事者双方の事情，更新料条項が成立するに至った経緯その他諸般の事情を総合考量し，具体的事実関係に即して判断されるべきであるが（最高裁昭和58年（オ）第1289号同59年4月20日第二小法廷判決・民集38巻6号610頁参照），更新料は，賃料と共に賃貸人の事業の収益の一部を構成するのが通常であり，その支払により賃借人は円満に物件の使用を継続することができることからすると，更新料は，一般に，賃料の補充ないし前払，賃貸借契約を継続するための対価等の趣旨を含む複合的な性質を有するものと解するのが相当である」

◆消費者契約法の不当条項に当たるか

　まず，「消費者契約法10条は，消費者契約の条項を無効とする要件として，当該条項が，民法等の法律の公の秩序に関しない規定，すなわち任意規定の適用

による場合に比し，消費者の権利を制限し，又は消費者の義務を加重するものであることを定めるところ，ここにいう任意規定には，明文の規定のみならず，一般的な法理等も含まれると解するのが相当である。そして，賃貸借契約は，賃貸人が物件を賃借人に使用させることを約し，賃借人がこれに対して賃料を支払うことを約することによって効力を生ずる（民法601条）のであるから，更新料条項は，一般的には賃貸借契約の要素を構成しない債務を特約により賃借人に負わせるという意味において，任意規定の適用による場合に比し，消費者である賃借人の義務を加重するものに当たるというべきである」と判断しました。

消費者の義務を加重する条項であることは認めたわけです。

◆ 信義誠実に反するか

ただし，続けて次のように言います。「消費者契約法10条は，消費者契約の条項を無効とする要件として，当該条項が，民法1条第2項に規定する基本原則，すなわち信義則に反して消費者の利益を一方的に害するものであることをも定めるところ，当該条項が信義則に反して消費者の利益を一方的に害するものであるか否かは，消費者契約法の趣旨，目的（消費者契約法1条参照）に照らし，当該条項の性質，契約が成立するに至った経緯，消費者と事業者との間に存する情報の質及び量並びに交渉力の格差その他諸般の事情を総合考量して判断されるべきである」

この考え方は，敷引きに関する最高裁判決と同様の考え方です。そして，「更新料が，一般に，賃料の補充ないし前払，賃貸借契約を継続するための対価等の趣旨を含む複合的な性質を有することは，…に説示したとおりであり，更新料の支払にはおよそ経済的合理性がないなどということはできない。また，一定の地域において，期間満了の際，賃借人が賃貸人に対し更新料の支払をする例が少なからず存することは公知であることや，従前，裁判上の和解手続等においても，更新料条項は公序良俗に反するなどとして，これを当然に無効とする取扱いがされてこなかったことは裁判所に顕著であることからすると，更新

料条項が賃貸借契約書に一義的かつ具体的に記載され，賃借人と賃貸人との間に更新料の支払に関する明確な合意が成立している場合に，賃借人と賃貸人との間に，更新料条項に関する情報の質及び量並びに交渉力について，看過し得ないほどの格差が存するとみることもできない。

そうすると，賃貸借契約書に一義的かつ具体的に記載された更新料条項は，更新料の額が賃料の額，賃貸借契約が更新される期間等に照らし高額に過ぎるなどの特段の事情がない限り，消費者契約法10条にいう『民法第1条第2項に規定する基本原則に反して消費者の利益を一方的に害するもの』には当たらないと解するのが相当である」

◆最高裁判決の特徴

敷引きに関する判決と同様に，「更新料条項が賃貸借契約書に一義的かつ具体的に記載され，賃借人と賃貸人との間に更新料の支払に関する明確な合意が成立している場合に，賃借人と賃貸人との間に，更新料条項に関する情報の質及び量並びに交渉力について，看過し得ないほどの格差が存するとみることもできない」との趣旨の指摘をしています。

つまり，契約書に明記してあれば消費者はわかって契約しているはずであり，さほどの交渉力格差や情報格差はないから，信義誠実の原則に反しないのが原則だというわけです。

そもそも消費者契約法の制度趣旨は，消費者と事業者との間には情報格差と交渉力格差があることからその是正を図ることを目的としているものです。したがって，信義誠実の原則というのは，任意規定と異なる条項を事業者が定める際には双方の公平性に留意すべき義務があり，そうすることが公平であるという特殊事情があるのであればその事情については事業者が明確にすべきであるという趣旨のものと解釈すべきと思われます。

最高裁判所の判決では，消費者の義務を加重する条項であっても，契約書に明記しておけば情報格差も交渉力格差もほとんどなくなるといわんばかりです。契約書に明記しさえすれば原則的には不当条項には当たらないと判断する論拠

として，信義誠実の原則を用いているように思われます。これは，消費者契約法の目的規定の否定にもなりかねません。

　法律の目的からすれば，信義誠実の原則については，最高裁の判決とは反対に解釈すべきではないのでしょうか。

◆更新料が不当条項になる場合

　なお，最高裁判所の判決では，「更新料の額が賃料の額，賃貸借契約が更新される期間等に照らし高額に過ぎるなどの特段の事情」がある場合には，不当条項に該当することになることを指摘しています。

　したがって，どんな場合も更新料は有効だと言っているわけではありません。

第12章

消費者団体訴訟制度

2006年6月から消費者契約法改正により
消費者団体訴訟制度が日本で初めて導入されました。
さらに，その後の改正により，現在では
景品表示法と特定商取引法と食品表示法にも
消費者団体による
差止訴訟制度が導入されました。
なぜこの制度が必要だったのか，
この制度の導入によって何が変わるのか，
制度の概要について紹介します。

1　消費者団体訴訟制度とは

Q　消費者団体訴訟制度とはどういうものですか。

A

◆制度のポイント

　消費者団体訴訟制度とは，個々の消費者のかわりに消費者団体が，消費者契約法に違反している事業者を相手取って違法な行為をやめるように裁判をすることができる制度です。

　たとえば，消費者団体が訴訟をして，ある事業者が使用している契約条項について「不当条項に該当するから無効」という判決が出た場合には，すべての消費者に対してその判決の効果が及ぶことになります。

　これまではこのような制度は日本にはありませんでした。しかし，アメリカにはクラスアクション，フランスやドイツには消費者団体訴訟制度がありました。そこで，日本でも，ドイツ，フランスなどを参考に導入されました。

◆導入される以前は

　消費者団体訴訟制度が導入されるまでは，違反業者によって被害を受けた消費者が，自分の被害を解決するために消費者契約法を根拠にして訴訟ができるという限度にとどまっていました。

　消費者契約法違反の事業者がいる場合でも，消費者が被害に遭い自分の問題を解決するために法的な手続きを取ることができるというレベルにとどまっていました。被害者が出る前に改善させる法的手段がなかったのです。

　また，被害にあった消費者が，自分から消費者契約法に基づいて権利行使をすることが必要で，被害者が自分で消費者契約法による解決をしようとしなければ，法律は機能しないという問題がありました。

2 消費者団体訴訟制度はなぜ必要か

Q 消費者団体訴訟制度が導入されたのはなぜですか。この制度が必要とされた理由について教えてください。

A

◆無効・取消し制度の意味

　消費者契約法は，消費者と事業者との間のルールです。

　事業者が消費者契約法を守らなかった場合には，被害を受けた消費者は，相手の事業者に対して契約の取消しをしたり，不当条項は無効であると主張して民法などに基づいた公平な取扱いを求めることができます。

　つまり，消費者契約法は，被害を受けた消費者が自分の問題を解決するための道具としてのルールであるといえます。もし，消費者と事業者との間で解決できなかった場合には，その消費者が裁判によって解決することになります。

　では，消費者が，事業者の契約条項が不当だからと争って裁判をして勝った場合には，どうなるのでしょうか。まず，勝った消費者は，事業者に対して裁判所が判断したような処理をするよう要求できます。金銭の支払義務がないことを確認したり，金銭の支払いを求めたりできます。事業者が判決に従わない場合には，民事執行法に基づいて判決を根拠に強制執行できます。

　しかし，判決の効果は，裁判をした当事者同士にしか及びません（これを法律では「既判力」と言います）。「不当条項だから」と裁判所が判断したからといって，裁判をしていない消費者にも判決の法的効果が及ぶことにはなりません。そのために，事業者が契約条項を改善する法的義務はありませんし，また，すべての事業者が契約条項などを改善することまでは当然には期待できない実状にありました。

　良心的な事業者の中には，判決で負けたことをきっかけに改善に取り組む者もありえます。しかし，そういう事業者ばかりではありません。裁判をした消費者の問題だけ解決し，不当条項をそのまま使い続ける場合も少なくないので

す。

◆争いにくい消費者被害

　消費者被害は，大勢の消費者が被害を受けます。そして，被害金額は比較的少額であることが多いのが現実です。そのために被害にあったすべての消費者がきちんと裁判等をして解決するなどということは期待できません。

　国による国民生活動向調査によれば，被害にあった消費者が消費生活センターに相談する割合でさえ3％～10％弱にすぎません。裁判などで権利行使する消費者は，もっと少ないのが現実です。

　不当な行為を続けるほうがトクだと考える不心得な事業者がある，というのはこういう事情にもよります。

◆事業者が消費者契約法を遵守する環境整備を

　これでは，情報格差・交渉力格差を是正し適正な消費者契約が行われる環境整備を目的とした法律の趣旨が十分達成できません。事後的な解決にとどまるだけでは被害の防止や取引の適正化としては，きわめて不十分です。

　こうした事情から，消費者契約法の実効性を高めるためには消費者団体訴訟制度を導入することが必要であると指摘されていました。

　そこで，個々の消費者にかわって，消費者団体が消費者契約法に違反した勧誘行為や不当条項の使用をしている事業者に対して，不当な行為の差止めができる制度が導入されました。

　消費者団体訴訟制度によって，事業者が，消費者契約法を守るための取組みを積極的にしようとするであろうという趣旨によるものです。消費者団体訴訟制度の導入によって，消費者契約法の実効性が格段に高まったといってよいと思われます。

3　消費者団体訴訟を担う団体とは

Q 消費者団体訴訟を行うことができる団体とは，どんな団体ですか。

A

◆適格消費者団体とは

　消費者団体訴訟を担う消費者団体は，「適格消費者団体」として内閣総理大臣に認定された団体であることが必要です。内閣総理大臣に認定された消費者団体のことを「認定適格消費者団体」と言います。

　このような制度にしたのは，適格消費者団体であるためには，消費者全体の利益擁護のために差止請求権を適切に行使することができる適格性を備えた消費者団体であることが必要であるからと説明されています。

　認定後も，消費者契約法に基づいた適正な業務を行っているかなどについて内閣総理大臣による監督を受けます。

◆適格要件

　内閣総理大臣は，団体からの申請に基づいて適格消費者団体を認定します。

　適格団体として認定されるための要件は下記のとおりで，すべての条件を満たすことが必要です。これらの認定要件は「消費者全体の利益擁護のために差止請求権を適切に行使することができる適格性を備えているか」を判断するために必要なポイントとされています。

　なお，適格消費者団体は，政治活動などをすることは認められていません。

① 特定非営利活動法人または民法34条に規定する法人であること
② 不特定多数の消費者の利益擁護のための活動を主たる目的とし，その活動を相当期間継続して適正に行っていること
③ 体制および業務規程が適切に整備されていること
④ 理事会の構成および決定方法が適正であること
⑤ 消費生活の専門家および法律の専門家が共に確保されていること

⑥　経理的基礎を有すること　　等

◆内閣総理大臣による監督措置

　適格消費者団体は，認定を受けた後には内閣総理大臣による監督を受けます。具体的には，認定は3年ごとの更新制をとっています。必要に応じて，内閣総理大臣は，消費者契約法に基づいて報告徴収・立入検査，適合命令・改善命令・認定の取消し等の措置が取れることになっています。

◆認定適格消費者団体は

　2019年1月の段階で適格消費者団体として認定されているのは全国で19団体です。認定団体は，消費者庁HPで公開しています。

4 適格消費者団体ができること

Q 認定適格消費者団体は、消費者にかわってどんなことができるのですか。差止め以外に、消費者が被害を受けた時にお金を消費者にかわって取り戻したりしてくれるのですか。

A

◆差止め

　認定適格消費者団体は、消費者契約法違反の事業者に対して違法行為をやめるよう要求できます。事業者が改善しない場合には、違法な行為を差し止めるよう裁判をすることができます。

　差止めの手順としては、まず、団体から事業者に対して、違法な行為を差し止めるように申入れを行います。多くの場合には、事業者の方で消費者契約法に違反しているかを検討した上で改善する旨の回答を出し、改善に取り組むことによって解決すると思われます。しかし、改善を拒絶したり申し出を無視する場合もあり得ます。このような場合に、団体は訴訟をすることができます。事業者は、団体からの申し出に対して誠実に対応しないと訴訟になるので、団体からの申し出があった場合には軽く扱うことはできなくなったわけです。

◆差止めの対象になる行為

　差止めの対象になるのは、消費者契約法違反のすべての行為です。
① 契約の締結について勧誘する際の重要事項の不実告知・断定的判断の提供・故意による不利益の不告知・不退去・退去妨害など
② 不当条項の使用

がある場合には、差止めの対象になります。

　①の場合には、「今後は、このような違法な勧誘行為(その事業者が行っている不当な勧誘行為を具体的に指定します)はしてはならない」という差止めになります。②の場合には、「今後は、この条項(不当条項に該当する具体的な条

項を指定します）の使用を差し止める」という趣旨の内容になります。

さらに，適格消費者団体は，事業者が景品表示法（不当な広告・表示），特定商取引法，食品表示法の各法律に違反する行為を行っている場合にも差止訴訟ができます。

◆損害賠償請求や違法収益のはく奪はできるか

消費者団体は，被害を受けた消費者のために損害賠償などを求めたり，違法行為によって事業者が得た利益（違法収益）を吐き出させることまではできません。「今後は違法な行為をしないように」という差止めの範囲に限定されています。

アメリカにはクラスアクション制度がありますが，日本でも，このような制度の導入が必要であることは従来から強く指摘されていました。また，消費者契約法に違反して違法な収益を得た場合には，事業者に吐き出させなければ「やり得」になる，という意見も強くあります。

2009年9月に消費者庁が設置されましたが，消費者庁及び消費者委員会設置法に関する衆議院付帯決議で「今後は事業者の違法収益についてのはく奪制度について検討すること」との課題が政府に与えられました。これを受けて消費者庁に，集団的消費者被害回復に係る研究会が設置され検討がすすめられ，特定の適格消費者団体が消費者被害を回復するための集団訴訟を行うことができる制度を新設する「消費者の財産的被害の集団的な回復のための民事の裁判手続の特例に関する法律」が，2013年12月4日に成立，同月11日に公布されました。同法は，2016年10月1日から施行されています。

同法による集団訴訟を行うことができるのは，内閣総理大臣から特定適格消費者団体として認定された消費者団体です。2018年11月現在，3団体が認定されています。

5　消費者団体訴訟の情報はどこでわかるか

Q どの消費者団体がどのような成果を上げたかが重要な情報だと思います。これらの情報はどのように知ることができますか。

A

◆消費者庁

適格消費者団体が行った判決や和解の成果については、消費者庁のホームページで公表されています。消費者庁ホームページの「消費者制度」の中の「消費者団体訴訟制度」に情報がアップされます。ホームページのアドレスは下記のとおりです。

http://www.caa.go.jp/

◆各団体のホームページ

消費者庁のホームページでは、判決や和解についての情報を公開していますが、個別の適格消費者団体は、その消費者団体の活動についてもっと詳しい情報を公開しています。情報の公開は、団体ごとにホームページで行っています。

個々の団体のホームページは、消費者庁ホームページの各団体の紹介ページからリンクが張られています。

消費者契約法を活用するために

消費者契約法は，契約当事者である消費者が
活用することによって意味のあるものとなります。
そこで，消費者契約法を活用するためには
どうすればよいか，相談にのってくれるところは
どこかなど，知っておくと参考になることがらを
紹介しています。

1　消費者契約法と自己責任

> **Q** 消費者契約法では，規制緩和とともに自己責任を実現するためのものであるといわれています。ここでいう自己責任というのは，どういう意味ですか。

A

◆情報格差と交渉力格差の是正ルール

これまで，個別的なQ&Aで，消費者契約法の具体的な内容について取り上げて，解説してきました。

これまでの解説の内容からも，おわかりいただけたと思いますが，消費者契約被害は，事業者と消費者との間に情報格差や交渉力格差があるために，対等な市民同士の契約を前提とした民法ルールでは，消費者にとって大変負担が大きく，構造的に消費者被害が発生します。

そこで，消費者と事業者とが契約を締結する際の当事者間のルールについて，民法の一部を修正することによって消費者を救済する定めを設けたのが消費者契約法です。

◆事業者の義務

事業者は，消費者契約法のルールを守って契約する義務を負うことになります。つまり，契約の重要な事項について事実に反する説明を行ったために消費者から契約の取消しを主張された場合には，そのような事実がある以上は法律に従って誠実に取消しに応じなければならないという責任を負担することが明確にされたわけです。また，契約内容が，明確で平易なものであるようにするよう努力するべきことなども，明確にされました（この部分については，第2章Q2「事業者の義務」の項を参照）。

◆消費者の努力

一方，消費者も，契約を締結するかどうかを選択するにあたっては，事業

から提供される情報や他社から得られる情報・行政や第三者機関などが提供している情報などを十分に収集して内容を吟味し，比較検討した上で，契約するかどうかを選択するよう努力することが期待されています。消費者契約法3条2項の消費者の努力義務規定はこうした趣旨を明らかにしています。

◆違法業者への責任追及がポイント

　さらに，事業者が消費者契約法や民法に違反するなどの問題を起こした場合には，消費者は，その事業者に対してしかるべき責任を求める必要があります。

　このような意味において，消費者も事業者も，契約にあたってはそれぞれが責任を分担しなければならないという考え方であるといってよいでしょう。

　契約した以上は，その契約については消費者が責任を負わなければならないものであり，契約の効果について争ったり，事業者に対して責任追及をしたりするのは自己責任に反すると言わんばかりの主張も最近ではみられますが，これは間違いです。

　事業者は，消費者に対して契約をすすめる場合には，消費者が適正な選択をすることができるように必要かつ十分な情報提供を行うとともに消費者が自主的に選択することができる環境を整備する自己責任があり，それらが果たされた場合には，消費者は契約の選択に責任を負わなければなりません。事業者が契約条項を定めるにあたっては，公平でバランスのとれた内容にすべき義務を負っており，これに反して消費者にとって一方的に不利な特約を設けてもその規定は無効とされます。

　事業者がこうしたルールを守らず自己責任を果たさなかった結果，消費者が契約の選択を誤るなどの不利益を被った場合には，消費者はその事業者に対して応分の責任を追及するのが，正しい消費者と事業者の自己責任のあり方です。被害にあっても泣き寝入りする被害者や，消費者からの被害の申し出に対して誠実な対応をしない事業者は，自己責任を果たしているとは言えません。

2 消費生活センターの役割

Q 都道府県や市町村には消費生活センターや消費生活相談窓口がありますが,これらは,なぜ設置されているのですか。どういう役割をしているのですか。

A

◆消費生活センターの役割

　地方自治体には消費生活センターや消費生活相談窓口が設置されています。これらの相談窓口では,消費者と事業者との格差を是正し,消費者被害を防止したり被害を迅速に解決するための消費者支援をしています。具体的には,消費者からの相談に乗って助言をします。また,被害を被った消費者が助言に基づいて自分で事業者と話し合って解決することが難しいほど格差が大きい場合には話合いの調整としてのあっせんを行います。

　もう1つの重要な役割が,消費者被害情報の収集です。消費者被害の情報を消費者からの相談などによって収集して消費者庁と共有することによって,消費者庁が一元的に取りまとめます。これに基づいて,消費者庁が国レベルでの消費者行政の司令塔としての機能を果たすことができるようにする役割をしているわけです。

　被害防止のために,自治体の住民に対して情報提供を行ったり,消費者講座の開催やパンフレット類の作成・配布などの啓発,消費者教育への取組みなどもしています。

◆消費生活センターとは

　2009年に消費者庁の設置と共に制定された消費者安全法により,すべての都道府県には消費生活センターを設置すべきことが義務付けられました。市町村は,消費生活センターの設置は努力義務にとどまっていますが,消費生活相談窓口を設置して,消費者からの相談・あっせんを行うべきことが義務付けられ

ています。
　消費生活センターとは，次の3つの条件を満たした消費生活相談窓口と定義されています。
　①　週4日以上相談を受け付けていること
　②　消費生活の専門家である消費生活相談員が相談業務に従事していること
　③　消費者庁と連携しているコンピュータシステムの端末を設置していること
　これらのいずれかの条件を満たしていない場合には，消費生活センターと名乗ることはできないとされています。

◆消費生活の専門家とは
　消費生活の専門家とは，消費生活相談員を指します。具体的には，国が認定した登録試験機関が行う国家試験に合格した者か，それと同等の知識経験を有する者です。登録試験機関は，国民生活センターと，日本産業協会です。
　この国家資格制度は，2014年の消費者安全法により導入されたもので，2016年4月1日から施行されています。
　つまり，消費生活に関する様々な知識を持ち，相談業務のスキルもある専門家ということです。

3　消費生活相談と消費者契約法

Q 消費者契約法は，消費生活センターの相談とはどのような関係になるのですか。消費生活センターは，消費者契約法違反をした事業者を処罰したりするのですか。

A

◆消費者支援が仕事

　消費生活センターなどの消費生活相談窓口では，消費者安全法に基づいて格差是正のための助言・あっせん・情報提供・消費者教育などの消費者支援を行っています。

　そもそも消費者契約法は，契約した消費者と事業者との責任分配についてのルールを定めたものです。事業者を取り締まったり，処罰したりする法律ではありません。

　したがって，消費生活センターでは事業者を取り締まったり処罰したりはしていませんし，できません。

◆助言が得られる

　これまで消費者契約法の制度について説明してきましたが，現実には，一般の消費者が広く消費者契約法を理解しているとは限りません。

　契約の勧誘の際の事業者の説明や態度に問題があって，納得できない契約をさせられてしまったと思っても，どのように対応したら良いのか，解決方法があるのか，よくわからないことが多いのが実情かと思われます。

　消費者を保護するための法律があっても，消費者がよく知らない場合には十分活用されません。それでは，事業者も守ろうというモチベーションが低くなってしまいかねません。消費者によって十分活用されて初めて，消費者を保護する法律が機能することになります。

　適格消費者団体による差止制度も，このような目的のために設けられたもの

ですが，納得できない体験をしたのにどうしてよいかわからない消費者が自分の問題を解決することができる道が開けていることが重要です。

消費生活センターは，このような場合に消費者が相談できる適切な支援を得ることができる場所として設置されたものです。住民である消費者が相談すれば，適切な助言が得られます。消費生活相談の段階で消費者契約法による取消しができるケースであることが判明すれば，取消しできること，取消しの方法などが助言してもらえるわけです。

◆あっせん

消費者が高齢者であったり社会的経験の乏しい若者であるなど，事業者との格差が大きく，助言してもらっても自分で話合いによって解決することが難しい場合には話合いによる解決のための調整をしてもらえる場合があります。これを「あっせん」といいます。

消費者契約法は，このようなあっせんの場合にも，有効に活用できる制度です。

ただし，あっせんはあくまでも話合いによる解決を目指すものです。どうしても話合いによる解決が難しい場合もあります。そのような場合には，裁判所での訴訟などの手続が必要になる場合もあります。

4 消費者のこころがけ

Q 個々の消費者はどのように注意し，対応するようにすべきなのでしょうか。消費者がこころがけるべきことを教えてください。

A

◆消費者契約法を活用しよう

　消費者契約法は，消費者が事業者に対して契約の取消しや不当条項についての無効の主張をすることができる権利を定めたものです。ですから，法律が制定されても，消費者がこれを活用しなければ，せっかく制定された法律も意味がありません。

　たとえば，ある事業者が契約の勧誘をする際に，消費者に対して重要事項について事実と異なる説明をして契約締結をさせることを繰り返していたとしても，被害にあった消費者がみんな我慢してしまったら，せっかく法律があっても，事業者は不当な契約を行いつづけて儲けていくことになってしまいます。これでは，「重要事項について不実の説明がされたために結んでしまった契約は，取り消すことができる」という内容の法律が制定されても意味がありません。事業者が法律に違反をしているのであれば，消費者は，きちんと主張して事業者に責任をとってもらうことが大切です。このようにして活用されてこそ，法律は生きたものとなります。

◆消費生活センターに相談に行こう

　しかし，個々の消費者が，自分が契約で納得できない経験をした場合に，すぐに消費者契約法の何条に違反するか，取消しできるか，取消しはどのようにすれば確実かといったことを承知しているというわけにはいかないでしょう。法律を活用するためには適切な支援を受ける必要があります。

　契約をしたときに納得できないことを経験した場合には，我慢したりしないで，ただちに消費生活センターなどに相談に行くとよいでしょう。相談に行く

際には，その契約に関連して事業者から交付された書類関係はすべて保存しておいて持参し，内容を相談担当者に見てもらうようにしましょう。さらに，どのような経過で契約をしたのか，事業者の勧誘の方法はどのようなもので，どんな説明をしたのか，それを自分はどのように理解したのか，納得できないのはどの部分なのか，どのようにしてもらいたいのか，などを整理していくことが重要です。

◆助言によって行動しよう

そして，消費生活センターなどの助言や指導に従って，事業者に対して申入れをして話合いを求めます。ケースによっては，言い分が対立するなどして話合いによる解決はできないこともあります。そのような場合には，法律相談を利用するとよいでしょう。その上で，裁判をするかどうかなど，今後の解決方法について検討をすることになります。

◆被害の予防のために

さらに，契約の際に，事業者に対して説明や資料をきちんと要求し，交付された書類関係は読む努力をすべきです。これらの書類は，契約の内容を消費者に説明するためのものなのですから，消費者が普段の常識で読んで理解できないような内容のものの場合には問題があるというべきで，事業者に，もっとわかりやすいものにしてほしいと要求すべきです。

消費者にとってわかりやすく，できるだけていねいに情報提供をしようとする事業者が増えていくことが，消費者契約が適切に選択できるようになるためには必要不可欠です。そのためには，消費者がこのような姿勢をもった事業者を選択するようになる，ということが大変重要であると言えます。

5 事業者はどのように対処すべきか

Q 消費者契約法に伴って,事業者はどう対応することが必要でしょうか。

A

◆十分な情報提供を

　消費者契約法に対応するためには,事業者も様々な改善をすすめていく必要があります。

　まず,事業者としては,消費者が適正な契約の選択をすることができるような販売方法にするように対策を講じ,契約の内容が消費者にとってもわかりやすく,合理的であるように改善するための前向きの取組みが必要不可欠です。

　契約の勧誘をしたり,宣伝をしたりする場合の資料を,イメージ広告的な購買意欲をあおり立てるだけのものにするのではなく,その商品・サービス,契約の内容などの重要な部分について,消費者が読みやすく理解しやすいように作成する工夫が必要です。契約書なども,消費者に読みやすくわかりやすく作成するための工夫が必要です。さらに,契約条件などの約款の作成や見直しの際に,消費者の立場の意見も取り入れた公正な内容にする工夫も必要不可欠でしょう。

　また,セールスマンなどの従業員教育が重要であることはいうまでもありません。

◆誠意ある苦情処理

　消費者からの相談が持ち込まれた場合には,誠実に対処するための相談窓口を整備する必要があります。そこに持ち込まれた消費者からの苦情や意見などを業務にフィードバックして業務や契約の内容などに問題があるようであれば,どこを改善する必要があるかを検討して,業務などの改善に反映させるための社内のシステムも整備する必要があります。

6　消費者が相談できるところ

Q 契約関係について，消費者がどうしたらよいか迷ったり，困ったときに助言を求めることができるのは，どんなところがありますか。また，消費者が相談に行く場合にはどんなことに注意をする必要がありますか。

A

◆消費生活センター

　消費者が消費生活に関して助言を求めたいと思った場合には，まず最寄りの自治体の消費生活センターに相談するのが，最も身近で適切と言えます。消費生活センターでは，日常的に様々な消費生活にかかわる相談を受け付けています。そのため，消費生活に関する問題について，情報が集まりやすく，適切な助言が得られやすいと言えます。

　ただし，消費生活センターで助言しているのは，行政職員や消費生活相談員です。消費生活相談員は，消費者問題についての専門知識は持っていますが，法律専門家ではありません。そのため，消費者の求めている助言が，法律的な専門知識が必要なものである場合などには，消費生活センターだけの助言では不十分な場合があります。

◆法律相談

　このような場合には，法律相談を利用することが必要となります。地方自治体では，行政の無料サービスとして，無料法律相談を提供している場合があります。込み入った相談の場合には不向きですが，法律的な基本知識についての助言が欲しい場合などであれば無料法律相談で十分です。

　実際に紛争に巻き込まれたような場合で，内容的にも込み入っている場合には，無料法律相談では，十分な助言を得るには不向きです。そこで，弁護士会などでの有料法律相談を利用するとよいでしょう。県ごとに弁護士会が設けられており，それぞれの弁護士会で「法律相談窓口」を設けていますから，居住

地域の最寄りの弁護士会に問い合わせた上で利用してください。弁護士会では，弁護士に依頼したいけれども，誰に頼んでよいのかわからないとか弁護士を知らないという人には，弁護士のあっせんもしています。資力がない場合には，法テラスが利用できます。

◆相談するときのポイント

契約関係で相談に行く場合には，次の点に注意をすると効果的です。

① 事実関係はどういう経過だったかを具体的に把握できるようにメモなどをまとめておく。
② 契約の内容について把握することができるように，契約書などを整理しておく。相談に行くときには，必ず持参すること。
③ 消費者として納得できないのは，どの部分なのか，なぜなのか，という点について，よく考えた上でまとめてみる。これもメモなどをまとめておくと，相談したときにあわてないでうまく伝えることができる。
④ どのような解決を希望しているかも，まとめておくとよい。
⑤ 証拠や説明資料として利用できるものには何があるか。その契約に関係した書類や資料類などは，すべて保管し，整理して持参すると全体像が把握しやすく，適切な助言が得られやすい。

相談に行く場合には，これらについてなるべく準備をしていけば，適切な助言が得られやすいと言えます。

消費者契約被害の中には「私はだまされた」と相談に来たものの，契約関連資料は「腹が立ったので全部処分してしまった」し，詳しい事実経過もよく覚えていないなどというケースもあります。しかし，消費者側のだまされたという言い分は，消費者としての評価であって客観的な事実とは違います。

契約問題について適切な解決方法を見つけるためには，その契約の問題は，いつどういう原因で発生しているのかを把握するところから始まります。客観的な事実関係を把握した上で，問題点を抽出することが大切なのです。

さらに，消費者契約問題では，事業者側には契約書などの資料が整っている

のに，消費者側には本人の言い分ぐらいしかなく，客観的証拠に乏しいことが多く，消費者の記憶も時間の経過とともに忘れ去られていくのが普通です。そこで，契約の時にも，何か問題が発生したと感じたときにも，その都度大切だと感じたことをメモしておくとよいでしょう。日記や家計簿，業者との話のやりとりの録音などは有力な証拠になります。

■資　料

消費者契約法条文　新旧対照表

以下では，平成30年6月8日に成立し，同月15日に公布された改正法（平成30年法律第54号）の条文を，「改正後」として示しています。

（傍線部分は改正部分）

改正後	改正前
（事業者及び消費者の努力） 第3条　事業者は，次に掲げる措置を講ずるよう努めなければならない。	（事業者及び消費者の努力） 第3条　事業者は，消費者契約の条項を定めるに当たっては，消費者の権利義務その他の消費者契約の内容が消費者にとって明確かつ平易なものになるよう配慮するとともに，消費者契約の締結について勧誘をするに際しては，消費者の理解を深めるために，消費者の権利義務その他の消費者契約の内容についての必要な情報を提供するよう努めなければならない。
一　消費者契約の条項を定めるに当たっては，消費者の権利義務その他の消費者契約の内容が，その解釈について疑義が生じない明確なもので，かつ，消費者にとって平易なものになるよう配慮すること。	（新設）
二　消費者契約の締結について勧誘をするに際しては，消費者の理解を深めるために，物品，権利，役務その他の消費者契約の目的となるものの性質に応じ，個々の消費者の知識及び経験を考慮した上で，消費者の権利義務その他の消費者契約の内容についての必要な情報を提供すること。	（新設）
2　（略）	2　（略）
（消費者契約の申込み又はその承諾の意思表示の取消し） 第4条　（略）	（消費者契約の申込み又はその承諾の意思表示の取消し） 第4条　（略）

改正後	改正前
2　消費者は，事業者が消費者契約の締結について勧誘をするに際し，当該消費者に対してある重要事項又は当該重要事項に関連する事項について当該消費者の利益となる旨を告げ，かつ，当該重要事項について当該消費者の不利益となる事実（当該告知により当該事実が存在しないと消費者が通常考えるべきものに限る。）を<u>故意又は重大な過失によって</u>告げなかったことにより，当該事実が存在しないとの誤認をし，それによって当該消費者契約の申込み又はその承諾の意思表示をしたときは，これを取り消すことができる。ただし，当該事業者が当該消費者に対し当該事実を告げようとしたにもかかわらず，当該消費者がこれを拒んだときは，この限りでない。 3　消費者は，事業者が消費者契約の締結について勧誘をするに際し，当該消費者に対して次に掲げる行為をしたことにより困惑し，それによって当該消費者契約の申込み又はその承諾の意思表示をしたときは，これを取り消すことができる。 　一・二　（略） 　<u>三　当該消費者が，社会生活上の経験が乏しいことから，次に掲げる事項に対する願望の実現に過大な不安を抱いていることを知りながら，その不安をあおり，裏付けとなる合理的な根拠がある場合その他の正当な理由がある場合でないのに，物品，権利，役務その他の当該消費者契約の目的となるものが当該願望を実現するために必要である旨を告げること。 　　イ　進学，就職，結婚，生計その他の社会生活上の重要な事項 　　ロ　容姿，体型その他の身体の特徴又は状況に関する重要な事項 　四　当該消費者が，社会生活上の経験が</u>	2　消費者は，事業者が消費者契約の締結について勧誘をするに際し，当該消費者に対してある重要事項又は当該重要事項に関連する事項について当該消費者の利益となる旨を告げ，かつ，当該重要事項について当該消費者の不利益となる事実（当該告知により当該事実が存在しないと消費者が通常考えるべきものに限る。）を故意に告げなかったことにより，当該事実が存在しないとの誤認をし，それによって当該消費者契約の申込み又はその承諾の意思表示をしたときは，これを取り消すことができる。ただし，当該事業者が当該消費者に対し当該事実を告げようとしたにもかかわらず，当該消費者がこれを拒んだときは，この限りでない。 3　消費者は，事業者が消費者契約の締結について勧誘をするに際し，当該消費者に対して次に掲げる行為をしたことにより困惑し，それによって当該消費者契約の申込み又はその承諾の意思表示をしたときは，これを取り消すことができる。 　一・二　（略） （新設） （新設）

改正後	改正前
乏しいことから，当該消費者契約の締結について勧誘を行う者に対して恋愛感情その他の好意の感情を抱き，かつ，当該勧誘を行う者も当該消費者に対して同様の感情を抱いているものと誤信していることを知りながら，これに乗じ，当該消費者契約を締結しなければ当該勧誘を行う者との関係が破綻することになる旨を告げること。	
<u>五</u>　<u>当該消費者が，加齢又は心身の故障によりその判断力が著しく低下していることから，生計，健康その他の事項に関しその現在の生活の維持に過大な不安を抱いていることを知りながら，その不安をあおり，裏付けとなる合理的な根拠がある場合その他の正当な理由がある場合でないのに，当該消費者契約を締結しなければその現在の生活の維持が困難となる旨を告げること。</u>	（新設）
<u>六</u>　<u>当該消費者に対し，霊感その他の合理的に実証することが困難な特別な能力による知見として，そのままでは当該消費者に重大な不利益を与える事態が生ずる旨を示してその不安をあおり，当該消費者契約を締結することにより確実にその重大な不利益を回避することができる旨を告げること。</u>	（新設）
<u>七</u>　<u>当該消費者が当該消費者契約の申込み又はその承諾の意思表示をする前に，当該消費者契約を締結したならば負うこととなる義務の内容の全部又は一部を実施し，その実施前の原状の回復を著しく困難にすること。</u>	（新設）
<u>八</u>　<u>前号に掲げるもののほか，当該消費者が当該消費者契約の申込み又はその承諾の意思表示をする前に，当該事業者が調査，情報の提供，物品の調達その他の当該消費者契約の締結を目指した事業活動を実施した場合において，</u>	（新設）

改正後	改正前
当該事業活動が当該消費者からの特別の求めに応じたものであったことその他の取引上の社会通念に照らして正当な理由がある場合でないのに、当該事業活動が当該消費者のために特に実施したものである旨及び当該事業活動の実施により生じた損失の補償を請求する旨を告げること。	
4～6 （略）	4～6 （略）
（事業者の損害賠償の責任を免除する条項等の無効） 第8条　次に掲げる消費者契約の条項は、無効とする。 　一　事業者の債務不履行により消費者に生じた損害を賠償する責任の全部を免除し、又は当該事業者にその責任の有無を決定する権限を付与する条項 　二　事業者の債務不履行（当該事業者、その代表者又はその使用する者の故意又は重大な過失によるものに限る。）により消費者に生じた損害を賠償する責任の一部を免除し、又は当該事業者にその責任の限度を決定する権限を付与する条項 　三　消費者契約における事業者の債務の履行に際してされた当該事業者の不法行為により消費者に生じた損害を賠償する責任の全部を免除し、又は当該事業者にその責任の有無を決定する権限を付与する条項 　四　消費者契約における事業者の債務の履行に際してされた当該事業者の不法行為（当該事業者、その代表者又はその使用する者の故意又は重大な過失によるものに限る。）により消費者に生じた損害を賠償する責任の一部を免除し、又は当該事業者にその責任の限度を決定する権限を付与する条項 　五　消費者契約が有償契約である場合に	（事業者の損害賠償の責任を免除する条項の無効） 第8条　次に掲げる消費者契約の条項は、無効とする。 　一　事業者の債務不履行により消費者に生じた損害を賠償する責任の全部を免除する条項 　二　事業者の債務不履行（当該事業者、その代表者又はその使用する者の故意又は重大な過失によるものに限る。）により消費者に生じた損害を賠償する責任の一部を免除する条項 　三　消費者契約における事業者の債務の履行に際してされた当該事業者の不法行為により消費者に生じた損害を賠償する責任の全部を免除する条項 　四　消費者契約における事業者の債務の履行に際してされた当該事業者の不法行為（当該事業者、その代表者又はその使用する者の故意又は重大な過失によるものに限る。）により消費者に生じた損害を賠償する責任の一部を免除する条項 　五　消費者契約が有償契約である場合に

改正後	改正前
おいて，当該消費者契約の目的物に隠れた瑕疵(かし)があるとき（当該消費者契約が請負契約である場合には，当該消費者契約の仕事の目的物に瑕疵があるとき。次項において同じ。）に，当該瑕疵により消費者に生じた損害を賠償する事業者の責任の全部を免除し，又は当該事業者にその責任の有無を決定する権限を付与する条項 2　（略）	おいて，当該消費者契約の目的物に隠れた瑕疵(かし)があるとき（当該消費者契約が請負契約である場合には，当該消費者契約の仕事の目的物に瑕疵があるとき。次項において同じ。）に，当該瑕疵により消費者に生じた損害を賠償する事業者の責任の全部を免除する条項 2　（略）
（消費者の解除権を放棄させる条項等の無効） 第8条の2　次に掲げる消費者契約の条項は，無効とする。 　一　事業者の債務不履行により生じた消費者の解除権を放棄させ，又は当該事業者にその解除権の有無を決定する権限を付与する条項 　二　消費者契約が有償契約である場合において，当該消費者契約の目的物に隠れた瑕疵があること（当該消費者契約が請負契約である場合には，当該消費者契約の仕事の目的物に瑕疵があること）により生じた消費者の解除権を放棄させ，又は当該事業者にその解除権の有無を決定する権限を付与する条項	（消費者の解除権を放棄させる条項の無効） 第8条の2　次に掲げる消費者契約の条項は，無効とする。 　一　事業者の債務不履行により生じた消費者の解除権を放棄させる条項 　二　消費者契約が有償契約である場合において，当該消費者契約の目的物に隠れた瑕疵があること（当該消費者契約が請負契約である場合には，当該消費者契約の仕事の目的物に瑕疵があること）により生じた消費者の解除権を放棄させる条項
（事業者に対し後見開始の審判等による解除権を付与する条項の無効） 第8条の3　事業者に対し，消費者が後見開始，保佐開始又は補助開始の審判を受けたことのみを理由とする解除権を付与する消費者契約（消費者が事業者に対し物品，権利，役務その他の消費者契約の目的となるものを提供することとされているものを除く。）の条項は，無効とする。	（新設）

《著者略歴》

村　千鶴子（むら　ちづこ）

1953年生まれ。名古屋大学法学部卒業
1978年から弁護士
東京経済大学現代法学部教授
日本消費者法学会理事
一般財団法人日本消費者協会理事
日本弁護士連合会消費者問題対策委員会委員
国民生活センター消費者判例評価委員会委員、国民生活センター客員講師、
東京都被害救済委員会会長などを務める。

〈主要著書〉
『消費者法講義』（共著・日本評論社），『Q&A 市民のための特定商取引法』（中央経済社），『消費者はなぜだまされるのか』（平凡社新書），『これで安心だまされない！35のQ&A』（全国官報販売協同組合），『消費生活相談の基礎知識－知っておきたい民事のルール』（編著・ぎょうせい），『特定商取引法を学ぶ』（国民生活センター）など。

Q&A
市民のための消費者契約法

2019年3月1日　第1版第1刷発行

著　者　　村　　千　鶴　子
発行者　　山　本　　　継
発行所　　㈱中央経済社
発売元　　㈱中央経済グループ
　　　　　パブリッシング

〒101-0051　東京都千代田区神田神保町1-31-2
電話　03（3293）3371（編集代表）
　　　03（3293）3381（営業代表）
http://www.chuokeizai.co.jp/
印刷／昭和情報プロセス㈱
製本／㈲井上製本所

© Mura Chizuko 2019
Printod in Japan

＊頁の「欠落」や「順序違い」などがありましたらお取り替えいたしますので発売元までご送付ください。（送料小社負担）
ISBN978-4-502-29761-8　C3032

JCOPY〈出版者著作権管理機構委託出版物〉本書を無断で複写複製（コピー）することは，著作権法上の例外を除き，禁じられています。本書をコピーされる場合は，事前に出版者著作権管理機構（JCOPY）の許諾をうけてください。
JCOPY〈http://www.jcopy.or.jp　eメール：info@jcopy.or.jp　電話：03-3513-6969〉